Helmut Remschmidt und Martin H. Schmidt
(Herausgeber)

Multiaxiales Klassifikationsschema

Helmut Remschmidt und Martin H. Schmidt
(Herausgeber)

Multiaxiales Klassifikationsschema für psychische Störungen des Kindes- und Jugendalters nach ICD-10 der WHO

Mit einem synoptischen Vergleich
von ICD-10 mit ICD-9 und DSM-III-R

Dritte, revidierte Auflage

Verlag Hans Huber
Bern · Göttingen · Toronto · Seattle

Die Deutsche Bibliothek – CIP-Einheitsaufnahme

Multiaxiales Klassifikationsschema für psychische Störungen des Kindes- und Jugendalters nach ICD-10 der WHO: mit einem synoptischen Vergleich von ICD-10 mit ICD-9 und DSM-III-R / Helmut Remschmidt und Martin H. Schmidt (Hrsg.). – 3., rev. Aufl. – Bern; Göttingen; Toronto; Seattle: Huber, 1994
2. Aufl. u.d.T.: Multiaxiales Klassifikationsschema für psychiatrische Erkrankungen im Kindes- und Jugendalter nach Rutter, Shaffer und Sturge
ISBN 3-456-82491-2
NE: Remschmidt, Helmut [Hrsg.]

Erster Nachdruck 1996 der dritten revidierten Auflage 1994
© 1994 Verlag Hans Huber, Bern
© 1993 World Health Organisation
 (für die aus den „Klinisch-diagnostischen Leitlinien" der ICD-10 Kapitel V (F) übernommenen Teile)
Satz: TransDoc AG, 3414 Oberburg
Druck: AZ Druckhaus, Kempten/Allgäu
Printed in Germany

Inhaltsverzeichnis

Vorwort 9

Einführung 11

Prinzipien einer multiaxialen Klassifikation 11
Neuerungen innerhalb der ICD-10 13
Zur Benutzung des Glossars 14
Erste Achse: Klinisch-psychiatrisches Syndrom 15
Zweite Achse: Umschriebene Entwicklungsstörungen 16
Dritte Achse: Intelligenzniveau 16
Vierte Achse: Körperliche Symptomatik 16
Fünfte Achse: Assoziierte aktuelle abnorme psychosoziale Umstände 17
Sechste Achse: Globalbeurteilung der psychosozialen Anpassung 17
Literatur 18

Erste Achse: Klinisch-psychiatrisches Syndrom 21

000.0   Keine psychiatrische Störung 21

F0   **Organische einschließlich symptomatischer psychischer Störungen** **21**
F00   Demenz bei Alzheimer-Krankheit 21
F01   Vaskuläre Demenz 22
F02   Demenz bei sonstigen, andernorts klassifizierten Krankheiten 23
F03   Nicht näher bezeichnete Demenz 25
F04   Organisches amnestisches Syndrom, nicht durch Alkohol oder sonstige psychotrope Substanzen bedingt 25
F05   Delir, nicht durch Alkohol oder sonstige psychotrope Substanzen bedingt ... 26
F06   Andere psychische Störungen aufgrund einer Schädigung oder Funktionsstörung des Gehirns oder einer körperlichen Krankheit 26
F07   Persönlichkeits- und Verhaltensstörung aufgrund einer Erkrankung, Schädigung oder Funktionsstörung des Gehirns 29
F09   Nicht näher bezeichnete organische oder symptomatische psychische Störungen 32

F1   **Psychische und Verhaltensstörungen durch psychotrope Substanzen** **32**
F10   Störungen durch Alkohol 32
F11   Störungen durch Opioide 32
F12   Störungen durch Cannabinoide 32
F13   Störungen durch Sedativa oder Hypnotika 32
F14   Störungen durch Kokain 33
F15   Störungen durch andere Stimulantien einschließlich Koffein 33
F16   Störungen durch Halluzinogene 33
F17   Störungen durch Tabak 33
F18   Störungen durch flüchtige Lösungsmittel 33
F19   Störungen durch multiplen Substanzgebrauch und Konsum sonstiger psychotroper Substanzen 33

F2	**Schizophrenie, schizotype und wahnhafte Störungen**	**37**
F20	Schizophrenie	37
F21	Schizotype Störung	41
F22	Anhaltende wahnhafte Störungen	42
F23	Akute, vorübergehende psychotische Störungen	43
F24	Induzierte wahnhafte Störung	45
F25	Schizoaffektive Störungen	46
F28	Sonstige nichtorganische psychotische Störungen	47
F29	Nicht näher bezeichnete nicht-organische Psychose	47
F3	**Affektive Störungen**	**47**
F30	Manische Episode	47
F31	Bipolare affektive Störung	49
F32	Depressive Episoden	51
F33	Rezidivierende depressive Störung	52
F34	Anhaltende affektive Störungen	54
F38	Sonstige affektive Störungen	55
F39	Nicht näher bezeichnete affektive Störung	56
F4	**Neurotische, Belastungs- und somatoforme Störungen**	**56**
F40	Phobische Störungen	56
F41	Sonstige Angststörungen	58
F42	Zwangsstörung	59
F43	Reaktion auf schwere Belastung und Anpassungsstörung	60
F44	Dissoziative Störungen (Konversionsstörungen)	64
F45	Somatoforme Störungen	67
F48	Sonstige neurotische Störungen	72
F5	**Verhaltensauffälligkeiten mit körperlichen Störungen und Faktoren**	**73**
F50	Eßstörungen	73
F51	Nichtorganische Schlafstörungen	77
F52	Nichtorganische sexuelle Funktionsstörungen	79
F53	Psychische oder Verhaltensstörungen im Wochenbett, nicht anderorts klassifizierbar	81
F54	Psychische Faktoren oder Verhaltenseinflüsse bei anderorts klassifizierten Krankheiten	82
F55	Mißbrauch von nicht abhängigkeitserzeugenden Substanzen	82
F59	Nicht näher bezeichnete Verhaltensauffälligkeiten mit körperlichen Störungen und Faktoren	83
F6	**Persönlichkeits- und Verhaltensstörungen**	**83**
F60	Spezifische Persönlichkeitsstörungen	84
F61	Kombinierte und sonstige Persönlichkeitsstörungen	88
F62	Andauernde Persönlichkeitsänderung, nicht Folge einer Schädigung oder Krankheit des Gehirns	88
F63	Abnorme Gewohnheiten und Störungen der Impulskontrolle	90
F64	Störungen der Geschlechtsidentität	92
F65	Störungen der Sexualpräferenz	93
F66	Psychische- und Verhaltensstörungen in Verbindung mit der sexuellen Entwicklung und Orientierung	95
F68	Sonstige Persönlichkeits- und Verhaltensstörungen	96
F69	Nicht näher bezeichnete Persönlichkeits- und Verhaltensstörungen	97
F84	Tiefgreifende Entwicklungsstörungen	97

F9	Verhaltens- und emotionale Störungen mit Beginn in der Kindheit und Jugend	101
F90	Hyperkinetische Störungen	101
F91	Störungen des Sozialverhaltens	103
F92	Kombinierte Störungen des Sozialverhaltens und der Emotionen	105
F93	Emotionale Störungen des Kindesalters	105
F94	Störungen sozialer Funktionen mit Beginn in der Kindheit und Jugend	108
F95	Ticstörungen	110
F98	Sonstige Verhaltens- und emotionale Störungen mit Beginn in der Kindheit und Jugend	111
F99	Nicht näher bezeichnete psychische Störung	114

Zweite Achse: Umschriebene Entwicklungs-störungen 115

000.0	Keine umschriebene Entwicklungsstörung	115
F80	Umschriebene Entwicklungsstörungen des Sprechens und der Sprache	115
F81	Umschriebene Entwicklungsstörungen schulischer Fertigkeiten	117
F82	Umschriebene Entwicklungsstörung der motorischen Funktionen	120
F83	Kombinierte umschriebene Entwicklungsstörungen	120
F88	Sonstige Entwicklungsstörungen	120
F89	Nicht näher bezeichnete Entwicklungsstörung	120

Dritte Achse: Intelligenzniveau 121

1	Sehr hohe Intelligenz	121
2	Hohe Intelligenz	121
3	Normvariante	121
4	Niedrige Intelligenz	121
5	Leichte Intelligenzminderung (F70)	122
6	Mittelgradige Intelligenzminderung (F71)	122
7	Schwere Intelligenzminderung (F72)	122
8	Schwerste Intelligenzminderung (F73)	123
9	Intelligenzniveau nicht bekannt	123

Vierte Achse: Körperliche Symptomatik 124

000.0		Keine körperliche Symptomatik	124
A00–B99	Kap. I:	Bestimmte infektiöse und parasitäre Krankheiten	124
C00–D36	Kap. II:	Neubildungen	125
D50–D89	Kap. III:	Krankheiten des Blutes und der blutbildenden Organe sowie bestimmte Störungen mit Beteiligung der Immunreaktion	126
E00–E90	Kap. IV:	Endokrine, Ernährungs- und Stoffwechselkrankheiten	126
F00–F99	Kap. V:	Psychische Störungen	126
G00–G99	Kap. VI:	Krankheiten des Nervensystems	127
H00–H59	Kap. VII:	Krankheiten des Auges und der Augenanhangsgebilde	137
H60–H90	Kap. VIII:	Krankheiten des Ohres und des Warzenfortsatzes	137

I00–I99	Kap. IX:	Krankheiten des Kreislaufsystems	137
J00–J99	Kap. X:	Krankheiten des Atmungssystems	138
K00–K93	Kap. XI:	Krankheiten des Verdauungssystems	138
L00–L99	Kap. XII:	Krankheiten der Cutis und der Subkutis	138
M00–M99	Kap. XIII:	Krankheiten des Muskel-Skelett-Systems und des Bindegewebes	139
N00–N99	Kap. XIV:	Krankheiten des Urogenitalsystems	139
O00–O99	Kap. XV:	Schwangerschaft, Geburt und Wochenbett	140
P00–P95	Kap. XVI:	Bestimmte in der Perinatalperiode entstandene Zustände	140
Q00–Q99	Kap. XVII:	Angeborene Mißbildungen, Deformitäten und Chromosomenanomalien	141
R00–R99	Kap. XVIII:	Symptome, Zeichen und abnorme klinische und Laborbefunde, die nicht andernorts klassifiziert sind	142
S00–T98	Kap. XIX:	Verletzungen, Vergiftungen und bestimmte andere Folgen äußerer Ursachen	142
V01-Y98	Kap. XX:	Äußere Ursachen von Morbidität und Mortalität	143

Fünfte Achse: Assoziierte aktuelle abnorme psychosoziale Umstände 147

0.0	Keine abnormen psychosozialen Umstände	147
1	Abnorme intrafamiliäre Beziehungen	147
2	Psychische Störung, abweichendes Verhalten oder Behinderung in der Familie	149
3	Inadäquate oder verzerrte intrafamiliäre Kommunikation	150
4	Abnorme Erziehungsbedingungen	150
5	Abnorme unmittelbare Umgebung	153
6	Akute, belastende Lebensereignisse	154
7	Gesellschaftliche Belastungsfaktoren	156
8	Chronische zwischenmenschliche Belastung im Zusammenhang mit Schule oder Arbeit	156
9	Belastende Lebensereignisse oder Situationen infolge von Verhaltensstörungen oder Behinderungen des Kindes	157

Sechste Achse: Globalbeurteilung der psychosozialen Anpassung 159

Diagnoseergänzender Symptomkatalog 160

Synoptische Tabelle ICD-9, ICD-10, DSM-III-R 162

Sachregister 177

Anhang: Orientierungshilfe zur multiaxialen Klassifikation psychiatrischer Erkrankungen im Kindes- und Jugendalter (Faltblatt)

Vorwort

Wir freuen uns, hiermit eine neue Fassung des Multiaxialen Klassifikationssystems auf der Basis der ICD-10 vorlegen zu können. Die multiaxiale Diagnostik als solche bedarf keiner Empfehlung mehr, sie hat sich in der Kinder- und Jugendpsychiatrie bestens bewährt und national sowie international zu einer Vereinheitlichung diagnostischer Kategorien geführt. Damit ist das Instrumentarium der multiaxialen Klassifikation auch zu einem wichtigen Verständigungsmittel zwischen Klinikern und Forschern über die Sprach- und Ländergrenzen hinweg geworden.

Im Hinblick auf diese ICD-10-Fassung des Multiaxialen Klassifikationsschemas muß auf folgende Besonderheiten hingewiesen werden:

1. Neu gebildet wurde die Kategorie der tiefgreifenden *Entwicklungsstörungen*, unter die auch autistische Syndrome zu subsumieren sind. Aus grundsätzlichen Erwägungen wurde diese Kategorie, obwohl sie den Titel "Entwicklungsstörungen" trägt, auf der I. Achse belassen, während die "umschriebenen Entwicklungsstörungen" der II. Achse zugeordnet wurden. Insgesamt aber ist die Systematik insofern noch inkonsistent, als nicht alle Erkrankungen mit entwicklungsbezogenen Besonderheiten in den Klassen F8 und F9 zusammengefaßt sind.

2. Im Hinblick auf die Berücksichtigung der *Intelligenz* (III. Achse) haben wir – wie auch schon in der ICD-9 – eine Erweiterung der WHO-Klassifikation vorgenommen, damit auch die höheren Intelligenzgrade angemessen erfaßt werden können.

3. Die wesentlichsten *Kategorien der ICD-10* haben wir wieder schematisch in der gestrafften *Kurzfassung* dargestellt. Wir hoffen, daß auch die Kurzfassung eine genügend sichere Erfassung und Einordnung der klinischen Syndrome ermöglicht.

4. Eine weitere Neuerung der hier vorliegenden ICD-10-Fassung besteht darin, daß bei manchen Erkrankungen auch der *Schweregrad* berücksichtigt ist. Dies trifft z.B. zu für die depressiven Syndrome.

5. Wie in der zweiten Auflage der ICD-9-Fassung des MAS sind *die für das Kindes- und Jugendalter wichtigen Störungen* wieder im Druck *durch graue Unterlegung hervorgehoben*. Ferner wurde eine Synopse zwischen den ICD-9- und den ICD-10-Kategorien und den Kategorien des DSM-III-R eingefügt, um den Lesern den Vergleich dieser Schemata zu erleichtern.

6. Schließlich ist zu erwähnen, daß das Multiaxiale Klassifikationsschema in der ICD-10-Fassung auf sechs Achsen erweitert wurde. Als VI. Achse haben wir, dem WHO-Vorschlag folgend, die *Skala zur sozialen Anpassung* aus dem DSM-III-R übernommen, um auf diese Weise eine Einschätzung der sozialen Anpassung, die für die Praxis so wichtig ist, auch diagnostisch zu verankern.

Weiterhin haben wir ein Literaturverzeichnis zusammengestellt, das keine Vollständigkeit beansprucht, aber zum Ziel hat, die Leser auf relevante Literatur zu Klassifikationsproblemen hinzuweisen.

Auch bei dieser dritten Auflage des Multiaxialen Klassifikationsschemas haben wir wiederum vielen zu danken:

Unser Dank gilt zunächst der Weltgesundheitsorganisation für ihre Erlaubnis, die Texte zu übernehmen und in ein multiaxiales Format bringen zu dürfen. Unser Dank gilt ferner unseren Kollegen Prof. Sir Michael RUTTER (London), dessen Vorarbeiten ganz wesentlich auch diese Fassung beeinflußt haben, und Herrn Prof. POUSTKA (Frankfurt), der die V. Achse in Zusammenarbeit mit der Arbeitsgruppe Klassifikation und Dokumentation der Europäischen Gesellschaft für Kinder- und Jugendpsychiatrie und einer WHO-Arbeitsgruppe in der vorliegenden Form überarbeitet und uns das abgedruckte Kurzglossar zur Verfügung gestellt hat. Herrn Dr. MOLL, Herrn Dr. NIEMEYER und Herrn Dipl.-Psych. QUASCHNER danken wir für die Mitwirkung an den redaktionellen Vorbereitungen. Frau Inge GRUNDEL, Frau Luise MÜLLER und Frau Marlies RIES sei für das Schreiben und Korrigieren der Texte herzlich gedankt.

Schließlich danken wir dem Verlag Hans Huber, der auch die Bearbeitung dieser Auflage mit Interesse begleitet und den Text in eine gefällige Form gebracht hat.

Abschließend möchten wir dem Wunsch Ausdruck geben, daß auch diese dritte Auflage des Multiaxialen Klassifikationsschemas zur Vereinheitlichung der Diagnostik und auf dieser Basis zur Verbesserung der wissenschaftlichen Verständigung national und international beitragen möge.

Marburg und Mannheim, im September 1994

H. REMSCHMIDT und M.H. SCHMIDT

Einführung

Die hier vorliegende Klassifikation kinder- und jugendpsychiatrischer Erkrankungen beruht auf der 10. Revision der Internationalen Klassifikation der Krankheiten (ICD-10), bezieht diese jedoch in eine multiaxiale Betrachtungsweise ein. Die ersten vier Achsen verwenden die gleichen diagnostischen Kategorien, wie sie in der 10. Version des ICD-Schemas (herausgegeben von H. DILLING, W. MOMBOUR und M.H. SCHMIDT, Huber, Bern 1991) berücksichtigt sind, die *Fünfte Achse* (assoziierte aktuelle abnorme psychosoziale Umstände) und die *Sechste Achse* (globale Beurteilung der psychosozialen Anpassung) sind im *ICD-Schlüssel nicht enthalten.*

Prinzipien einer multiaxialen Klassifikation

Psychiatrische Diagnosen enthalten zwangsläufig verschiedene Elemente. So kann es wichtig sein, neben der Art einer Störung z.b. das Vorhandensein oder Nicht-Vorhandensein einer intellektuellen Behinderung mit oder ohne gleichzeitig vorliegender Hirnschädigung festzustellen. In den meisten Fällen lassen sich all diese Faktoren nicht in einer einzigen diagnostischen Bezeichnung zusammenfassen, woraus sich die Notwendigkeit multipler Zuordnungen ergibt. Natürlich sieht auch das ICD-Schema Mehrfach-Klassifikationen vor, es gibt jedoch keine speziell für den Kinder- und Jugendpsychiater entwickelte Anweisungen, in welcher Form mehrere Kategorien benutzt oder in welcher Reihenfolge sie angegeben werden sollten. Es hat sich gezeigt, daß Psychiater in der Praxis solche *Mehrfach-Kategorisierungen* sehr unterschiedlich handhaben. Dies hat zur Folge, daß im Falle der Nicht-Berücksichtigung einer diagnostischen Kategorie verschiedene Interpretationen möglich sind: z.B., daß sie nicht zutraf, daß sie zwar zutraf, aber nicht bedeutsam war, oder daß sie nicht registriert wurde, obwohl sie sehr wesentlich war. Es entstehen also Schwierigkeiten, aus der Kodierung auf die Gegebenheiten zu schließen.

Das multiaxiale Diagnosenschema wurde entwickelt, um diese Mängel zu beheben. Es handelt sich dabei um eine logische *Weiterentwicklung des ICD-Schemas,* das geringfügig modifiziert wurde, um die erwähnten Schwierigkeiten zu vermeiden. Um Vollständigkeit und Vergleichbarkeit der Daten zu erreichen, sind drei Regeln zu beachten:

1. Eine einheitliche Zahl von Kodierungen ist vorzusehen.

2. Diese Kodierungen müssen sich stets auf die gleichen Elemente der Diagnosen beziehen, und

3. sie müssen stets in der gleichen Reihenfolge erscheinen.

Grundsätzlich könnte man eine unbegrenzte Zahl von diagnostischen Elementen in ein solches multiaxiales Schema bringen, aber aus Gründen der Praktikabilität ist eine strikte Begrenzung der Zahl der Achsen notwendig. Diese müssen so ausgewählt werden, daß sie möglichst eindeutige klinisch relevante Informationen für möglichst viele Fälle liefern. Im Hinblick auf die Kinder- und Jugendpsychiatrie berücksichtigen die ausgewählten *Achsen (Dimensionen)* das klinisch-psychiatrische *Syndrom* (z.b. Angstzustand, frühkindlicher Autismus), das Vorliegen oder Fehlen umschriebener *Entwicklungsstörungen* (z.b. umschriebene Entwicklungsstörung der motorischen Funktionen), das *Intelligenzniveau* (z.b. Normvariante, leichte intellektuelle Behinderung), die *körperliche Symptomatik* (z.b. Diabetes mellitus, Mikrocephalie). Die Fünfte Achse (assoziierte aktuelle abnorme *psychosoziale Umstände*) und die Sechste Achse (Globalbeurteilung der *psychosozialen Anpassung*) wurden eigens für den multiaxialen Ansatz entwickelt. Sie erfassen wesentliche zusätzliche Informationen, die sowohl für die Genese einer Störung wichtig sind als auch zur Abschätzung aktueller Belastungen und der Möglichkeiten der Integration eines Patienten in seine jeweilige Umgebung.

Grundprinzip einer multiaxialen Betrachtungsweise ist, jedes wichtige diagnostische Element systematisch auf einer eigenen Achse festzuhalten, wobei auf den einzelnen Achsen eine unterschiedliche Anzahl von Kodierungen möglich ist. Auf den ersten fünf Achsen ist auch die Möglichkeit gegeben, das Nicht-Vorhandensein entsprechender Kategorien durch eine 0 (oder 00, 000, 0000) zu vermerken, so daß für jeden Patienten auf diesen fünf Achsen eine Kodierung vorliegt. Auf der Sechsten Achse ist ebenfalls für jeden Patienten eine Kodierung möglich, die sich an seiner Fähigkeit zur sozialen Anpassung orientiert. Dieses Vorgehen ist eine Gewähr dafür, daß für alle Patienten vergleichbare Daten bezüglich aller sechs Dimensionen erhoben und stets in gleicher Reihenfolge notiert werden. Dadurch ist ein systematischer Rückgriff auf die Daten relativ einfach.

Das Schema ist *vorwiegend deskriptiv* und, entsprechend der Philosophie der ICD-10, wenig theoriegebunden, so daß es in vergleichbarer Weise von Klinikern ganz unterschiedlicher theoretischer Ausrichtung angewandt werden kann. Dabei wird das Ziel verfolgt, das Vorhandensein oder Nicht-Vorhandensein unterschiedlicher Phänomene oder Situationen zu erfassen, gleichgültig, ob sie der Kliniker als ursächliche Faktoren für die jeweilige psychiatrische Störung ansieht. Diese Verfahrensweise unterscheidet sich etwas vom herkömmlichen Vorgehen beim Formulieren von Diagnosen, ist aber im Hinblick auf die fortgesetzten theoretischen Auseinandersetzungen über die mögliche ätiologische Bedeutung biologischer, psychosozialer und kognitiver Faktoren derzeit notwendig.

Es muß ferner betont werden, daß die Kodierungen sich ausschließlich auf die *aktuelle* Situation und die *aktuellen* Schwierigkeiten eines Patienten beziehen und nicht auf seine Persönlichkeit. Sie machen auch keine Aussagen über Fortdauer und Irreversibilität einer Störung und sind deshalb gänzlich ungeeignet, um den einzelnen im Sinne eines Labeling-Approach zu diskriminieren. Im übrigen werden ja nicht Patienten klassifiziert, sondern deren Störungen.

Neuerungen innerhalb der ICD-10

Die zehnte Revision der International Classification of Diseases (ICD-10; WHO 1991) unterscheidet sich in ihrem psychiatrischen Teil von der ICD-9 bei etwa gleich gebliebener Grundstruktur durch eine Reihe von Merkmalen (COOPER 1989; SCHMIDT 1987):

- Es wurde ein neues Kodierungssystem eingeführt, das den psychiatrischen Bereich mit dem Buchstaben der Sektion F kennzeichnet.
- Die Zahl der Kategorien wurde wesentlich erhöht. Damit ist das System differenzierter als das der ICD-9.
- Der Begriff "Krankheit" wurde durch den Begriff "Störung" ersetzt.
- Die Differenzierung zwischen Psychosen und Neurosen als ein grundlegendes Einteilungsprinzip wurde fallengelassen. Darüber kann man sich natürlich streiten. Diesbezüglich stand der Gedanke Pate, daß man zu stark ätiologisch vorbelastete Begriffe nicht beibehalten wollte. Die Begriffe "Psychose" und "Neurose" wurden durch den Begriff "Störung" ersetzt.
- Symptomatologisch verwandte Störungen wurden gemeinsam gruppiert. Dies trifft z.B. für depressive Syndrome zu, die nicht mehr als psychotische oder neurotische Depressionen in unterschiedlichen Rubriken klassifiziert werden, sondern unter dem Begriff der "affektiven Störungen" zusammengefaßt wurden.
- Die klinischen Beschreibungen und die diagnostischen Richtlinien sind genauer und differenzierter als in der ICD-9. Dies trifft z.B. für die Ausdifferenzierung der affektiven Störungen, der Angststörungen, der dissozialen Störungen und der umschriebenen Entwicklungsstörungen zu.
- Der frühkindliche Autismus wird nicht mehr wie in der ICD-9 unter den typischen Psychosen des Kindesalters zusammengefaßt, sondern zu den tiefgreifenden Entwicklungsstörungen gezählt.
- Nicht alle entwicklungsbezogenen Störungen sind jedoch den altersspezifischen Kapiteln F8 und F9 zugeordnet. Darin mag ein gewisser Widerspruch liegen. Die Ausdifferenzierung der Entwicklungsstörungen dürfte jedoch den Interessen der Kinder- und Jugendpsychiatrie Rechnung tragen.
- Entsprechend den Erkenntnissen der empirischen Literatur wurden kindheitsspezifische Depressionen nicht mehr vorgesehen. Bei den affektiven Störungen, die nun also auch jene im Kindes- und Jugendalter umfassen, wurde neben der Ausdifferenzierung auch eine Schweregradeinteilung eingeführt.

Erste Überprüfungen der ICD-10-Kategorien in Feldstudien haben brauchbare Ergebnisse erbracht. Die Übereinstimmungsraten verschiedener Untersucher liegen jedoch nicht höher als bei der ICD-9 (BLANZ & SCHMIDT 1990; REMSCHMIDT & SCHMIDT 1983). Wenn man jedoch bedenkt, daß die Zahl der Kategorien in der ICD-10 wesentlich höher liegt, so kann man dieses Faktum positiv werten. Insgesamt hat die Weiterentwicklung der Klassifikationsschemata, sofern sie auf empirischer Basis erfolgt ist, viele positive Aspekte erbracht. Man wird aber sehr darauf achten müssen, daß der Wechsel von einer Version zur nächsten nicht zu rasch erfolgt und weniger durch übergeordnete Konzepte als durch sorgfältig erhobene Daten gestützt wird.

Zur Benutzung des Glossars

Keine Klassifikation kann sinnvoll benutzt werden, wenn nicht eine Interpretation der grundlegenden Termini gegeben ist. Dies ist Sinn des Glossars. Hinsichtlich der Entwicklung eines solchen Glossars gibt es jedoch spezifische Probleme. Diagnosen, die aufgrund einiger weniger pathognomonischer Zeichen oder Symptome gestellt werden, sind in der Psychiatrie ungebräuchlich. *In den meisten Fällen gibt es keine absolut klaren Abgrenzungen,* wie man sie bei einigen organischen Erkrankungen findet. Die Kodierung der assoziierten, aktuellen abnormen psychosozialen Umstände (Fünfte Achse) leidet unter diesen Schwierigkeiten in besonderem Maße. Überlappungen zwischen verschiedenen Typen abnormer psychosozialer Umstände sind allgemein üblich. Deshalb beruht das Glossar notwendigerweise mehr auf Beschreibungen von Verhaltensmustern als auf klar abgrenzbaren und einander ausschließenden Definitionen. Die vorliegende Form der Fünften Achse ist dennoch als erheblicher Fortschritt gegenüber derjenigen der ICD-9 zu betrachten. Eingedenk all dieser Schwierigkeiten zielt das Glossar darauf ab, einen einheitlichen Gebrauch der Terminologie soweit wie möglich sicherzustellen. Es wurde zusammengestellt von Klinikern, die verschiedene Länder repräsentieren und auch unterschiedliche theoretische Ansichten vertreten. Dennoch ist das Ergebnis ein *Kompromiß,* der nicht frei von Inkonsistenzen und Schwierigkeiten ist, die immer noch Bestandteil der Psychiatrie generell sind. Kein Kliniker wird wahrscheinlich finden, daß alle Termini und Deskriptionen mit seinem persönlichen Blickwinkel oder seinem Jargon übereinstimmen. Zum Zwecke der gegenseitigen Verständigung ist es jedoch notwendig, sich auf derartige Kompromißlösungen zu einigen. Dies wurde auch in diesem Glossar versucht.

Das Glossar enthält Definitionen für alle Achsen außer der vierten. Es sollte in jedem Fall geprüft werden, welche Kodierung auf welcher Achse am angemessensten erscheint. Die *Beschreibung* für jede Kodierung sollte dabei als Entscheidungshilfe dienen. Es ist *nicht* akzeptierbar, einen diagnostischen Terminus auszuwählen und dann zu sehen, wie er kodiert wird, da diagnostische Termini in sehr unterschiedlicher Weise von verschiedenen Klinikern benutzt werden können. Es wird sich zeigen, daß häufig keine exakte Entsprechung im Gebrauch einer diagnostischen Bezeichnung zwischen der Beschreibung im Glossar und der individuellen Anwendung eines Klinikers besteht. Es ist dennoch von ausschlaggebender Bedeutung, daß der Beschreibung im Glossar gefolgt wird, denn eine gewisse Einheitlichkeit erleichtert die Verständigung zwischen Klinikern verschiedener theoretischer Richtungen.

Erste Achse: Klinisch-psychiatrisches Syndrom

Die Erste Achse besteht aus der Sektion V des ICD-Schlüssels in der 10. Version mit Ausnahme der Tatsache, daß die Kodierungen des Abschnittes F8 (Entwicklungsstörungen) einer eigenen, der Zweiten Achse zugeordnet wurden; ferner, daß die Kodierungen für Intelligenzminderungen (F7) ebenfalls auf einer weiteren, der Dritten Achse zusammengefaßt wurden. Im Hinblick auf andere Kodierungen und ihre Beschreibung im Glossar wurden keine Veränderungen vorgenommen.

Es ist ein Grundprinzip des ICD-Schlüssels, daß unterschiedliche Klassifizierungen nicht für unterschiedliche Altersgruppen vorgenommen werden sollten (obwohl bestimmte Störungen nur in einer bestimmten Altersgruppe auftreten). Konsequenterweise enthält die Erste Achse auch zahlreiche Verschlüsselungen für Störungen, die nur geringe Bedeutung für Kinder und Jugendliche haben.

Das Glossar enthält Beschreibungen für alle Kategorien, einige allgemeine Gesichtspunkte sollten jedoch betont werden:

1. Falls kinderpsychiatrische Störungen unter Bezeichnungen zusammengefaßt werden können, die in der Erwachsenenpsychiatrie benutzt werden, sollten sie auch so kodiert werden. Zum Beispiel sollte die Störung eines Kindes, das an einer generalisierten Angststörung leidet (F41.1), auch so verschlüsselt werden. Die Kodierung für emotionale Störungen des Kindesalters (F93) sollte nur angewandt werden, wenn die Störungen nicht der Definition in den Kapiteln F40 bis F48 entsprechen und typische Charakteristika des Kindesalters aufweisen.

2. Obwohl die Klassifikation auf der Grundvoraussetzung beruht, daß Annahmen über die Ätiologie vermieden werden sollten, sind sie doch implizit in einzelnen Kategorien enthalten. Dies läßt sich nicht ganz vermeiden. Die Philosophie der ICD-10 geht dennoch dahin, die einzelnen Störungen gemäß ihrem Erscheinungsbild und nicht gemäß theoretischer Vorannahmen zu klassifizieren. Unabhängig von der klinischen Symptomatik erlaubt ja schließlich die Fünfte Achse, assoziierte abnorme psychosoziale Umstände zu erfassen.

3. Ein Vorteil gegenüber der ICD-9 besteht darin, daß alle Störungen, die sich einer eindeutigen organischen Ursache zuordnen lassen, gemeinsam im Abschnitt F0 klassifiziert sind. Ebenso wurden alle affektiven Störungen im Abschnitt F3 zusammengefaßt, so daß eine Aufteilung depressiver Syndrome in psychotische oder neurotische (wie in der ICD-9 noch üblich) nicht mehr notwendig ist. Die Gruppe der Schizophrenien, der schizotypen Zustände und der wahnhaften Störungen wurde im Kapitel F2 zusammengefaßt und zahlenmäßig vergrößert.

Zweite Achse: Umschriebene Entwicklungsstörungen

Die Kodierungen auf dieser Achse sind deskriptiv und nicht ätiologisch. Umschriebene Entwicklungsrückstände sollten unabhängig von ihrem Ursprung verschlüsselt werden. Neu gegenüber der ICD-9 ist die Kategorie F81 (umschriebene Entwicklungsstörungen schulischer Fertigkeiten). Neu ist ferner die Kategorie tiefgreifende Entwicklungsstörungen (F84), die auch den frühkindlichen Autismus und andere Syndrome umfaßt, die jedoch auf der *Ersten Achse* klassifiziert werden. Darin zeigt sich ein terminologischer Widerspruch, der jedoch mit Rücksicht auf internationale Übereinkünfte in Kauf genommen werden muß.

Leitlinie für die Klassifikation umschriebener Entwicklungsstörungen ist, daß diese nur dann vorliegen, wenn sie aus dem übrigen Entwicklungsniveau eines Kindes herausfallen. Dies bedeutet, daß die Störung eines Kindes, welches eine allgemeine Entwicklungsverzögerung als Teil einer schweren geistigen Behinderung aufweist, auf der Zweiten Achse die Ziffer 0 (d.h., kein umschriebener Entwicklungsrückstand) erhalten sollte.

Dritte Achse: Intelligenzniveau

Diese Achse erstreckt sich auf die Beschreibung des derzeitigen individuellen Intelligenzniveaus. Wenn ein Patient eine intellektuelle Leistungsfähigkeit vom Grade einer geistigen Behinderung aufweist, so sollte diese auf der Dritten Achse verschlüsselt werden, unabhängig davon, ob die Behinderung Teil einer Psychose oder Folge einer soziokulturellen Vernachlässigung oder einer körperlichen Erkrankung (z.B. Down-Syndrom) ist. Kurz, die Kodierung ist rein deskriptiv und beinhaltet keine Implikationen hinsichtlich der Ätiologie oder der Prognose.

Vierte Achse: Körperliche Symptomatik

Diese Achse ist vorgesehen zur Kodierung von nicht-psychiatrischen Krankheitssymptomen oder -syndromen. Die Verschlüsselung bezieht sich auf die *augenblickliche* Situation; zurückliegende Symptome aus der Krankengeschichte oder Verletzungen sollten nur dann festgehalten werden, wenn sie mit einer klassifizierbaren und augenblicklich vorhandenen somatischen Störung zusammenhängen. Stets sollten jedoch körperliche Bedingungen kodiert werden, unabhängig davon, ob angenommen werden kann, daß sie die psychische Störung verursacht haben oder nicht. Die Liste der Ziffern umfaßt alle ICD-Kategorien in der 10. Version mit Ausnahme der Sektion V (Psychische Störungen). Eine vierstellige Verschlüsselung unter besonderer Berücksichtigung des Buchstabens G ist für die neurologischen Erkrankungen wegen ihrer Häufigkeit und Bedeutung für die Psychiatrie vorgesehen. Jedoch werden hinsichtlich anderer somatischer Störungen nur dreistellige Klassifizierungen angeführt. Da bislang kein entsprechendes Glossar für die Vierte Achse erstellt worden ist, erfolgen keine Definitionen für die einzelnen Kategorien auf dieser Achse. Auf Achse Vier ist mehr als eine Kodierung zulässig.

Fünfte Achse: Assoziierte aktuelle abnorme psychosoziale Umstände

Diese Achse erstreckt sich auf Kodierungen, die die derzeitigen bzw. nicht mehr als ein halbes Jahr zurückliegenden abnormen psychosozialen Umstände umfassen, und nicht auf psychosoziale Belastungssituationen aus der Vergangenheit. Letztere müssen über die Anamnese erfaßt werden. Wenn eine aktuelle abnorme psychosoziale Belastungssituation vorliegt, sollte sie hier klassifiziert werden, unabhängig davon, ob sie im Zusammenhang mit der psychiatrischen Störung des Patienten steht. Die Fünfte Achse umfaßt in ihrer derzeitigen Form neun Hauptkategorien mit einer unterschiedlichen Zahl von Subkategorien und stellt eine Weiterentwicklung der Fünften Achse der ICD-9 dar. Zweistellige Subkategorien sind jeweils durch mehrere Kriterien erläutert, die eine einigermaßen sichere Zuordnung ermöglichen sollen. Eine Subkategorie trifft zu, wenn eines der mit Spiegelstrichen versehenen Kriterien erfüllt ist. Trotz der durch die Weiterentwicklung gegebenen Fortschritte waren gewisse Überlappungen zwischen den einzelnen Kategorien nicht zu vermeiden. Bei einigen Kodierungen ist mit kulturellen Unterschieden zu rechnen. Es wird oft notwendig sein, mehrere Kodierungen vorzunehmen, um verschiedene abnorme psychosoziale Umstände eines Patienten zu erfassen. Es sollten jedoch nur erhebliche abnorme psychosoziale Umstände erfaßt werden. Die ganze Breite der Normvarianten in der psychosozialen Umgebung sollte unter der Kodierung 0 subsumiert werden.

Sechste Achse: Globalbeurteilung der psychosozialen Anpassung

Die in Gestalt dieser Achse wiedergegebene Skala bezieht sich auf die psychosoziale Anpassung des Patienten zum Zeitpunkt der klinischen Untersuchung. Die Einschätzung soll sich auf die letzten drei Monate vor der klinischen Untersuchung beziehen, bei akuten Störungen auf die letzten Tage oder Wochen vor der Untersuchung. Die Einschätzung des Untersuchers soll sich auf folgende Bereiche erstrecken:

– Beziehungen zu Familienangehörigen, Gleichaltrigen und Erwachsenen außerhalb der Familie;
– Bewältigung von sozialen Situationen (allgemeine Selbständigkeit, lebenspraktische Fähigkeiten, persönliche Hygiene und Ordnung);
– schulische bzw. berufliche Anpassung und
– Interessen und Freizeitaktivitäten.

Im Gegensatz zu allen anderen Achsen bedeutet hier die 0-Kodierung nicht das Fehlen einer psychosozialen Anpassung (so etwas existiert ja nicht), sondern eine hervorragende soziale Anpassung auf allen erwähnten Gebieten.

Literatur

ABA, O., PFEIFER, W.K., REY, E.R.: Häufigkeit und Verteilung von Diagnosen. Erste Auswertungsergebnisse aus dem Statistischen Erhebungsbogen für Erziehungsberatungsstellen. Zeitschrift für Kinder- und Jugendpsychiatrie 6, 27–39, 1978.

AMOROSA, H.: Die diagnostische Klassifikation kindlicher Sprachentwicklungsstörungen. Zeitschrift für Kinder- und Jugendpsychiatrie 12, 379–390, 1984.

BLANZ, B., SCHMIDT, M.H.: Kinder- und jugendpsychiatrische Klassifikation in einer unausgelesenen Stichprobe – MAS und DSM-III im Vergleich. Zeitschrift für Kinder- und Jugendpsychiatrie 14, 296–307, 1986.

BLANZ, B., SCHMIDT, M.H.: Reliabilität kinder- und jugendpsychiatrischer Diagnosen in der ICD-10. Zeitschrift für Kinder- und Jugendpsychiatrie 18, 78–86, 1990.

BLANZ, B., SCHMIDT, M.H.: Die Klassifikation kinder- und jugendpsychiatrischer Störungsbilder in der ICD-10 – Ergebnisse der Mannheimer Feldstudie. In: Dilling, H., Schulte-Markwort, E., Freyberger, H.J. (Hrsg.): Neue Ansätze der Diagnostik psychischer Störungen in der Psychiatrie, Psychosomatik und Kinder- und Jugendpsychiatrie. Huber, Bern 1994.

BLANZ, B., AMOROSA, H. SCHMIDT, M.H.: Psychiatric disorders in children and adolescents: results of the ICD-10 field trial. Pharmacopsychiatry 23 (Suppl.), 173–176, 1990.

BLANZ, B., SCHMIDT, M.H., NIEMEYER, J., AMOROSA, H.: Phenomenal and operationalized classification of psychiatric disorders in children and adolescents with ICD-9 and ICD-10, on the basis of a field study. Pharmacopsychiatry 23 (Suppl.), 177–182, 1990.

COOPER, J.E.: An overview of the prospective ICD-10-Classification of Mental Disorders. British Journal of Psychiatry 154 (Suppl. 4) 21–23, 1989.

CORBOZ, R., SCHMIDT, M.H., REMSCHMIDT, H., SCHIEBER, P.M., GÖBEL, D.: Multiaxiale Klassifikation in Berlin, Mannheim und Zürich. Gemeinsamkeiten und Differenzen der Inanspruchnahmepopulation dreier Kliniken: Artefakt oder Realität? In: Remschmidt, H., Schmidt, M. (Hrsg.): Multiaxiale Diagnostik in der Kinder- und Jugendpsychiatrie. Ergebnisse empirischer Untersuchungen. Huber, Bern 1983, 77–109.

GRAHAM, P., SKUSE, D.: The developmental perspective in classification. In: Remschmidt H., Schmidt, M.H. (Eds.): Developmental Psychopathology. Hogrefe and Huber, Lewiston, N.Y., Toronto, Bern, 1–6, 1992.

JUNGMANN, J., GÖBEL, D., REMSCHMIDT, H.: Erfahrungen mit einer kinder- und jugendpsychiatrischen Basisdokumentation unter Berücksichtigung des multiaxialen Diagnosenschlüssels. Zeitschrift für Kinder- und Jugendpsychiatrie 6, 56–75, 1978.

KENDELL, R.E.: Die Diagnose in der Psychiatrie. Enke, Stuttgart 1978.

MALL, W., AMON, P., BECK, B., CASTELL, R., WILKES, J.: Mehrfachdiagnosen und -belastungen bei Kindern im Grundschulalter, Zeitschrift für Kinder- und Jugendpsychiatrie 21, 14–20, 1992.

MARCUS, A., FRITZ-STRATMANN, A., SCHMIDT, M.H.: Entwicklungsbezogene Diagnostik bei zwei Kindern mit der seltenen "kombinierten Störung schulischer Fertigkeiten" gemäß ICD-10, F81.3. Zeitschrift für Kinder- und Jugendpsychiatrie 19, 92–98, 1991.

MARTINEZ, S., DETZNER, M., SCHMIDT, M.H.: Gibt es eine Untergruppe hyperkinetischer Kinder mit emotionalen Störungen? Ergebnisse einer Pilot-Studie. Zeitschrift für Kinder- und Jugendpsychiatrie 13, 16–23, 1985.

OVERMEYER, S., BLANZ, B., SCHMIDT, M.H.: Die Diagnostik belastender Lebensereignisse in der klinischen Routine mittels eines (halb)standardisierten Interviews. Zeitschrift für Kinder- und Jugendpsychiatrie. 21, 5–13, 1993.

POUSTKA, F.P., SCHIEBER, P.M.: Effekte ergänzender Beurteilungen zur kinder- und jugendpsychiatrischen Syndromdiagnose. In: Remschmidt, H., Schmidt, M. (Hrsg.): Multiaxiale Diagnostik in der Kinder- und Jugendpsychiatrie. Ergebnisse empirischer Untersuchungen. Huber, Bern 111–125, 1983.

Remschmidt, H.: Klassifikationsprobleme. In: Remschmidt, H., Schmidt, M. (Hrsg.): Neuropsychologie des Kindesalters. Enke, Stuttgart, 191–197, 1981.
Remschmidt, H.: Multiaxiale Klassifikation in der Kinder- und Jugendpsychiatrie. In: Remschmidt. H., Schmidt, M. (Hrsg.): Multiaxiale Diagnostik in der Kinder- und Jugendpsychiatrie. Ergebnisse empirischer Untersuchungen. Huber, Bern, 11–42, 1983.
Remschmidt, H.: Klassifikation kinder- und jugendpsychiatrischer Erkrankungen und Störungen. In: Remschmidt, H., Schmidt, M.H. (Hrsg.): Kinder- und Jugendpsychiatrie in Klinik und Praxis. Bd. II, Thieme, Stuttgart, 22–27, 1985.
Remschmidt, H.: Klassifikation und Dokumentation. Remschmidt, H.: Psychiatrie der Adoleszenz. Thieme, Stuttgart, New York, 133–145, 1992.
Remschmidt, H.: Klinische Psychologie des Kindes- und Jugendalters. Editorial. Zeitschrift für klinische Psychologie 22, 95–99, 1993.
Remschmidt, H., Schmidt, M. (Hrsg.): Multiaxiale Diagnostik in der Kinder- und Jugendpsychiatrie. Ergebnisse empirischer Untersuchungen. Huber, Bern 1983.
Remschmidt, H., Schmidt, M.H. (Hrsg.): Multiaxiales Klassifikationsschema für psychiatrische Erkrankungen im Kindes- und Jugendalter nach Rutter, Shaffer und Sturge. 2. Aufl., Huber, Bern 1986.
Remschmidt, H., Schmidt, M., Göbel, D.: Erprobungs- und Reliabilitätsstudie zum multiaxialen Klassifikationsschema für psychiatrische Erkrankungen im Kinder- und Jugendalter. In: Remschmidt, H., Schmidt, M. (Hrsg.): Multiaxiale Diagnostik in der Kinder- und Jugendpsychiatrie. Huber, Bern, 43-75, 1983.
Remschmidt, H., Steinhausen, H.Ch., Jungmann, J.: Kinder- und jugendpsychiatrische Dokumentation. Erhebungsbogen. Berlin 1976, Marburg 1981.
Rutter, M.: Classification and categorization in child psychiatry. Journal of Child Psychology and Psychiatry 6, 71–83, 1965.
Rutter, M.: Classification. In: Rutter, M., Hersov, L. (Eds.): Child Psychiatry. Blackwell Scientific Publications, Oxford, 359-384, 1977.
Rutter, M.: Child psychiatric disorders in ICD-10. Journal of Child Psychology and Psychiatry 30, 499-513, 1989.
Rutter, M., Lebovici, L., Eisenberg, L., Sneznevskij, A.V., Sadoun, R., Brooke, E., Lin, T.-Y.: A tri-axial classification of mental disorders in childhood. Journal of Child Psychology and Psychiatry 10, 41–61, 1969.
Rutter, M., Shaffer, D., Shepherd, M.: A multi-axial classification of child psychiatric disorders. World Health Organization, Genève 1975.
Rutter, M., Shaffer, D., Shepherd, M.: An Evaluation of a Proposal for a Multi-axial Classification of Child Psychiatric Disorders. World Health Organization Monograph, Geneva 1976.
Schmidt, M.H.: Klassifikation kinder- und jugendpsychiatrischer Störungsbilder in der ICD-10 – Zum Stand der Diskussion. Zeitschrift für Kinder- und Jugendpsychiatrie. 15, 208–223, 1987.
Schmidt, M.H., Moll, G.H.: Differenzen in der Klassifikation psychiatrischer und kinderpsychiatrischer Störungen nach ICD-10 und DSM-III-R. Zeitschrift für Kinder- und Jugendpsychiatrie. 20, 266–272, 1992.
Schmidt, M.H., Blanz, B.: Klassifikationsansätze innerhalb der Kinder- und Jugendpsychiatrie. Fundamenta Psychiatrica 6, 143–149, 1992.
Schneider, W., Freyberger, H., Muhs, A., Schüssler, G. (Hrsg.): Diagnostik und Klassifikation nach ICD-10, Kapitel V. Vandenhoeck und Ruprecht, Göttingen 1993.
Steinhausen, H.Ch.: Eine Skala zur Beurteilung psychisch gestörter Kinder und Jugendlicher. Zeitschrift für Kinder- und Jugendpsychiatrie 13, 230–240, 1985.
Steinhausen, H.Ch., Erdin, A.: A comparison of ICD-9 and ICD-10 diagnoses of child and adolescent psychiatric disorders. Journal of Child Psychology and Psychiatry 32, 909–920, 1991.
Steinhausen, H.Ch., Erdin, A.: The inter-rater reliability of child and adolescent psy-

chiatric disorders in the ICD-10. Journal of Child Psychology and Psychiatry 32, 921–928, 1991.
STEINHAUSEN, H.CH., GÖBEL, D.: Die Symptomatik in einer kinder- und jugendpsychiatrischen Population: I. Erhebungsmethode und Prävalenzraten. Praxis der Kinderpsychologie und Kinderpsychiatrie 30, 231–236, 1981.
STEINHAUSEN, H.CH., GÖBEL, D.: Die Symptomatik in einer kinder- und jugendpsychiatrischen Population: II. Zusammenhangs- und Bedingungsanalysen. Praxis der Kinderpsychologie und Kinderpsychiatrie 31, 3–9, 1982.
STEINHAUSEN, H.CH., GÖBEL, D.: Anamnese – Symptom – Diagnose. Strukturanalysen an einem kinder- und jugendpsychiatrischen Krankengut. In: Remschmidt, H., Schmidt, M. (Hrsg.): Multiaxiale Diagnostik in der Kinder- und Jugendpsychiatrie, a.a.O. 127–153.
STIEGLITZ, R.-D., FREYBERGER, H.J., BLANZ, B.: Erste Ergebnisse der ICD-10-Feldstudie. In: Lungershausen, E., Kaschka, W.P., Witkowski, R.J. (Hrsg.): Affektive Psychosen. Schattauer, Stuttgart 1990.
VAN GOOR-LAMBO, G.: The reliability of axis V of the multiaxial classification scheme. Journal of Child Psychology and Psychiatry 28, 4, 597–612, 1987.
VAN GOOR-LAMBO, G.: Wie zuverlässig ist die Achse V? Zeitschrift für Kinder- und Jugendpsychiatrie 12, 62–78, 1984.
VAN GOOR-LAMBO, G., ORLEY, J., POUSTKA, F., RUTTER, M.: Classification of abnormal psychosocial situations: Preliminary report of a revision of an WHO scheme. Journal of Child Psychology and Psychiatry 31, 229–241, 1990.
WELTGESUNDHEITSORGANISATION: Internationale Klassifikation psychischer Störungen ICD-10, Kapitel V (F). Klinisch-diagnostische Leitlinien. Herausgegeben von H. Dilling, W. Mombour und M.H. Schmidt. Huber, Bern 1991.
WORLD HEALTH ORGANIZATION: Short Glossary. ICD-10 Chapter V (F), Mental and Behavioural Disorders. WHO 1992.
WORLD HEALTH ORGANIZATION: The ICD-10 Classification of Mental and Behavioural Disorders. Clinical descriptions and diagnostic guidelines. WHO, Geneva 1992.

Erste Achse
Klinisch-psychiatrisches Syndrom

(ICD-10, Kap. V – Psychische Störungen)

000.0 Keine psychiatrische Störung

F0 Organische einschließlich symptomatischer psychischer Störungen

Dieser Abschnitt umfaßt eine Reihe psychischer Erkrankungen mit nachweisbarer Ätiologie in einer zerebralen Erkrankung, einer Hirnverletzung oder einer anderen Schädigung, die zu einer Hirnfunktionsstörung führt. Die Funktionsstörung kann *primär* sein, wie bei Erkrankungen, Verletzungen oder Störungen, die das Gehirn direkt oder in besonderem Maße betreffen; oder *sekundär* wie bei Systemerkrankungen oder Störungen, die das Gehirn als eines von vielen anderen Organen oder Körpersystemen betreffen.

Demenz (F00–F03) ist ein Syndrom als Folge einer meist chronischen oder fortschreitenden Erkrankung des Gehirns mit Beeinträchtigung vieler höherer kortikaler Funktionen, einschließlich Gedächtnis, Denken, Orientierung, Auffassung, Rechnen, Lernfähigkeit, Sprache und Urteilsvermögen. Das Bewußtsein ist nicht getrübt. Die kognitiven Beeinträchtigungen werden gewöhnlich von Veränderungen der emotionalen Kontrolle, des Sozialverhaltens oder der Motivation begleitet, gelegentlich treten diese auch eher auf. Dieses Syndrom kommt bei Alzheimerscher Erkrankung, bei zerebrovaskulären Störungen und bei anderen Zustandsbildern vor, die primär oder sekundär das Gehirn betreffen.

F00* Demenz bei Alzheimer-Krankheit (G30.x)

Die Alzheimersche Erkrankung ist eine primär degenerative zerebrale Erkrankung mit unbekannter Ätiologie und charakteristischen neuropathologischen und neurochemischen Merkmalen. Sie beginnt meist schleichend und entwickelt sich langsam aber stetig über einen Zeitraum von mehreren Jahren.

* Falls gewünscht, kann die zusätzliche Kodierung für die zugrundeliegende Erkrankung verwendet werden.

F00.0* Demenz bei Alzheimer-Krankheit mit frühem Beginn (G30.0)

Demenz bei Alzheimerscher Erkrankung mit Beginn vor dem 65. Lebensjahr. Der Verlauf weist eine vergleichsweise rasche Verschlechterung auf, es bestehen deutliche und vielfältige Störungen der höheren kortikalen Funktionen.

Dazugehörige Begriffe:
- Alzheimersche Erkrankung, Typ 2
- präsenile Demenz vom Alzheimer-Typ
- primär degenerative Demenz vom Alzheimer-Typ, präseniler Beginn

F00.1* Demenz bei Alzheimer-Krankheit mit spätem Beginn (G30.1)

Demenz bei Alzheimer-Krankheit mit Beginn nach dem 65. Lebensjahr, meist in den späten 70er Jahren oder danach, mit langsamer Progredienz und mit Gedächtnisstörungen als Hauptmerkmal.

Dazugehörige Begriffe:
- Alzheimer-Krankheit, Typ 1
- senile Demenz vom Alzheimer-Typ
- primär degenerative Demenz vom Alzheimer-Typ, seniler Beginn

F00.2* Demenz bei Alzheimer-Krankheit, atypische oder gemischte Form (G30.8)

Dazugehöriger Begriff:
- atypische Demenz vom Alzheimer-Typ

F00.9 Nicht näher bezeichnete Demenz bei Alzheimer-Krankheit (G30.9)

F01 Vaskuläre Demenz

Die vaskuläre Demenz ist das Ergebnis einer Infarzierung des Gehirns als Folge einer vaskulären Erkrankung einschließlich der zerebrovaskulären Hypertonie. Die Infarkte sind meist klein, kumulieren aber in ihrer Wirkung. Der Beginn liegt gewöhnlich im späteren Lebensalter.

Dazugehöriger Begriff:
- arteriosklerotische Demenz

---

* Falls gewünscht, kann die zusätzliche Kodierung für die zugrundeliegende Erkrankung verwendet werden.

F01.0 Vaskuläre Demenz mit akutem Beginn

Diese entwickelt sich meist sehr schnell nach einer Reihe von Schlaganfällen als Folge von zerebrovaskulärer Thrombose, Embolie oder Blutung. In seltenen Fällen kann eine einzige massive Blutung die Ursache sein.

F01.1 Multiinfarktdemenz

Sie beginnt allmählich, nach mehreren vorübergehenden ischämischen Episoden (TIA), die eine Anhäufung von lakunären Defekten im Hirngewebe verursachen.

Dazugehöriger Begriff:
– vorwiegend kortikale Demenz

F01.2 Subkortikale vaskuläre Demenz

Hierzu zählen Fälle mit Hypertonie in der Anamnese und ischämischen Herden im Marklager der Hemisphären. Im Gegensatz zur Demenz bei Alzheimerscher Erkrankung, an die das klinische Bild erinnert, ist die Hirnrinde gewöhnlich intakt.

F01.3 Gemischte (kortikale und subkortikale) vaskuläre Demenz

F01.8 Andere vaskuläre Demenz

F01.9 Nicht näher bezeichnete vaskuläre Demenz

F02* Demenz bei sonstigen, andernorts klassifizierten Krankheiten

Formen der Demenz, bei denen eine andere Ursache als die Alzheimersche Erkrankung oder eine zerebrovaskuläre Erkrankung vorliegt oder vermutet wird. Sie kann in jedem Lebensalter auftreten, selten jedoch im höheren Alter.

F02.0* Demenz bei Pick-Krankheit (G31.0)

Progressive Demenz mit Beginn im mittleren Lebensalter, charakterisiert durch frühe, langsam fortschreitende Persönlichkeitsänderung und Verlust sozialer Fähigkeiten. Die Erkrankung führt zur Schädigung von Intellekt, Gedächtnis und Sprachfunktionen mit Apathie, Euphorie und gelegentlich auch extrapyramidalen Phänomenen.

---

* Falls gewünscht, kann die zusätzliche Kodierung für die zugrundeliegende Erkrankung verwendet werden.

F02.1* Demenz bei Creutzfeldt-Jakob-Krankheit (A81.0)

Eine progrediente Demenz mit vielfältigen neurologischen Symptomen als Folge spezifischer neuropathologischer Veränderungen, die vermutlich durch ein übertragbares Agens verursacht werden. Beginn gewöhnlich im mittleren oder höheren Lebensalter, Auftreten jedoch in jedem Erwachsenenalter möglich. Der Verlauf ist subakut und führt innerhalb von ein bis zwei Jahren zum Tode.

F02.2* Demenz bei Huntington-Krankheit (G10)

Eine Demenz, die im Rahmen einer ausgeprägten Hirndegeneration auftritt. Die Störung ist autosomal dominant erblich. Die Symptomatik beginnt typischerweise im dritten oder vierten Lebensjahrzehnt. Bei langsamer Progredienz führt die Erkrankung meist innerhalb von 10 bis 15 Jahren zum Tode.

Dazugehöriger Begriff:
– Demenz bei Chorea Huntington

F02.3* Demenz bei Parkinson-Krankheit (G20)

Eine Demenz, die sich im Verlauf einer Parkinsonschen Erkrankung entwickelt. Bisher konnten allerdings noch keine charakteristischen klinischen Merkmale beschrieben werden.

Dazugehörige Begriffe:
– Demenz bei Paralysis agitans
– Demenz bei Parkinsonismus

F02.4* Demenz bei Krankheit durch das Humane-Immundefizienz-Virus (HIV) (B22.0)

Eine Demenz, die sich im Verlauf einer HIV-Erkrankung entwickelt, ohne gleichzeitige andere Erkrankung oder Störung, die das klinische Bild erklären könnte.

F02.8 Demenz bei andernorts klassifizierten Krankheiten

Dazugehörige Begriffe:
– Demenz bei:
  – Kohlenmonoxydvergiftung (T58)
  – Zerebraler Lipidose (E75.x)
  – Epilepsie (G40.x)
  – Progressiver Paralyse (A52.1)

---

* Falls gewünscht, kann die zusätzliche Kodierung für die zugrundeliegende Erkrankung verwendet werden.

- Hepatolentikulärer Degeneration (M. Wilson) (E83.0)
- Hyperkalzämie (E83.5)
- Hypothyreoidismus (E00–E03)
- Intoxikationen (T36–T65)
- Multipler Sklerose (G35)
- Neurosyphilis (A52.1)
- Periarteriitis nodosa (M30.0)
- Systemischem Lupus erythematodes (M32.x)
- Trypanosomenerkrankung
    afrikanische (B56.x)
    amerikanische (B57.x)
- Vitamin-B_{12}-Mangel (E53.8)
- Niacin-Mangel (E52)

F03 Nicht näher bezeichnete Demenz

Dazugehörige Begriffe:
- nicht näher bezeichnete präsenile Demenz
- nicht näher bezeichnete präsenile Psychose
- nicht näher bezeichnete primär degenerative Demenz
- nicht näher bezeichnete senile Demenz
- senile Demenz, depressiver oder paranoider Typus
- nicht näher bezeichnete senile Psychose

Ausschluß:
- senile Demenz mit Delir oder akutem Verwirrtheitszustand (F05.1)
- nicht näher bezeichnete Senilität (R54)

F04 Organisches amnestisches Syndrom, nicht durch Alkohol oder sonstige psychotrope Substanzen bedingt

Ein Syndrom mit deutlichen Beeinträchtigungen des Kurz- und Langzeitgedächtnisses, bei erhaltenem Immediatgedächtnis. Es finden sich eine eingeschränkte Fähigkeit, neues Material zu erlernen, und zeitliche Desorientierung. Konfabulation kann ein deutliches Merkmal sein, aber Wahrnehmung und andere kognitive Funktionen einschließlich Intelligenz sind gewöhnlich intakt. Die Prognose ist abhängig vom Verlauf der zugrundeliegenden Läsion.

Dazugehöriger Begriff:
- Korsakow-Psychose oder -Syndrom, nicht alkohol- oder substanzbedingt

Ausschluß:
- nicht näher bezeichnete Amnesie (R41.1)
- anterograde Amnesie (R41.1)
- dissoziative Amnesie (F44.0)
- retrograde Amnesie (R41.1)
- alkohol- oder substanzbedingtes Korsakow-Syndrom (F10.6)

F05 Delir, nicht durch Alkohol oder sonstige psychotrope Substanzen bedingt

Ein ätiologisch unspezifisches hirnorganisches Syndrom, das charakterisiert ist durch gleichzeitig bestehende Störungen des Bewußtseins und der Aufmerksamkeit, der Wahrnehmung, des Denkens, des Gedächtnisses, der Psychomotorik, der Emotionalität und des Schlaf-Wach-Rhythmus. Die Dauer ist sehr unterschiedlich, und der Schweregrad reicht von leicht bis zu sehr schwer.

Dazugehörige Begriffe:
- akut oder subakut:
  - zerebrales Syndrom
  - Verwirrtheitszustand (nicht alkoholbedingt)
  - Psychose bei Infektionskrankheit
  - organischer Reaktionstyp
  - psychoorganisches Syndrom

Ausschluß:
- alkoholbedingtes oder nicht näher bezeichnetes Delirium tremens (F10.4)

F05.0 Delir ohne Demenz

F05.1 Delir bei Demenz

Diese Kodierung soll für Krankheitsbilder verwendet werden, die die oben erwähnten Kriterien erfüllen, sich aber im Verlauf einer Demenz entwickeln (F00–F03).

F05.8 Sonstiges Delir

Delir mit gemischter Ätiologie.

F05.9 Nicht näher bezeichnetes Delir

F06 Andere psychische Störungen aufgrund einer Schädigung oder Funktionsstörung des Gehirns oder einer körperlichen Krankheit

Diese Kategorie umfaßt verschiedene Krankheitsbilder, die ursächlich mit einer Hirnfunktionsstörung in Zusammenhang stehen als Folge von primär zerebralen Erkrankungen, systemischen Erkrankungen, die sekundär das Gehirn betreffen, exogenen toxischen Substanzen oder Hormonen, endokrinen Störungen oder anderen körperlichen Erkrankungen.

Ausschluß:
- Störungen durch Alkohol oder andere psychotrope Substanzen (F10–F19)
- Delir (F05.x)
- Demenz, wie unter F00–F03 beschrieben

F06.0 Organische Halluzinose

Eine Störung mit ständigen oder immer wieder auftretenden, meist optischen oder akustischen Halluzinationen, bei klarer Bewußtseinslage. Sie können vom Patienten als Halluzinationen erkannt werden. Die Halluzinationen können wahnhaft verarbeitet werden, Wahn dominiert aber nicht das klinische Bild. Die Krankheitseinsicht kann erhalten bleiben.

Dazugehöriger Begriff:
- organisches halluzinatorisches Zustandsbild (nicht alkoholbedingt)

Ausschluß:
- Alkoholhalluzinose (F10.5)
- Schizophrenie (F20.x)

F06.1 Organische katatone Störung

Eine Störung mit verminderter (Stupor) oder gesteigerter (Erregung) psychomotorischer Aktivität in Verbindung mit katatonen Symptomen. Das Erscheinungsbild kann zwischen den beiden Extremen der psychomotorischen Störung wechseln.

Ausschluß:
- katatone Schizophrenie (F20.2)
- nicht näher bezeichneter Stupor (R40.1)
- dissoziativer Stupor (F44.2)

F06.2 Organische wahnhafte (schizophreniforme) Störung

Eine Störung, bei der anhaltende oder immer wieder auftretende Wahnideen das klinische Bild bestimmen. Die Wahnideen können von Halluzinationen begleitet werden. Einige Merkmale, die auf Schizophrenie hinweisen, wie bizarre Halluzinationen oder Denkstörungen, können vorliegen.

Dazugehörige Begriffe:
- paranoide und paranoid-halluzinatorische organische Zustandsbilder
- schizophreniforme Psychose bei Epilepsie

Ausschluß:
- vorübergehende akute psychotische Störung (F23.x)
- anhaltende wahnhafte Störungen (F22.x)
- substanzbedingte psychotische Störung (F11.5–F19.5)
- Schizophrenie (F20.x)

F06.3 Organische affektive Störungen

Störungen, die durch eine Veränderung der Stimmung oder des Affektes charakterisiert sind, meist zusammen mit einer Veränderung der gesamten Aktivitätslage. Depressive, hypomanische, manische oder bipolare Zustandsbilder (siehe F30, F31, F32) sind möglich, entstehen jedoch als Folge einer organischen Störung.

Ausschluß:
- nichtorganische oder nicht näher bezeichnete affektive Störungen (F30–F39)

F06.4 Organische Angststörung

Eine Störung, charakterisiert durch die wesentlichen deskriptiven Merkmale einer generalisierten Angststörung (F41.1), einer Panikstörung (F41.0) oder einer Kombination von beiden, jedoch als Folge einer organischen Störung.

Ausschluß:
- nichtorganische oder nicht näher bezeichnete andere Angststörungen (F41.x)

F06.5 Organische dissoziative Störung

Eine Störung, charakterisiert durch den teilweisen oder völligen Verlust der normalen Integration, die sich auf Erinnerungen an die Vergangenheit, Identitätsbewußtsein und unmittelbare Wahrnehmungen sowie die Kontrolle von Körperbewegungen bezieht (siehe F44.x), jedoch als Folge einer organischen Störung.

Ausschluß:
- nichtorganische oder nicht näher bezeichnete dissoziative Störungen (Konversionsstörungen) (F44.x)

F06.6 Organische emotional labile (asthenische) Störung

Eine Störung, charakterisiert durch Affektdurchlässigkeit oder -labilität, Ermüdbarkeit sowie eine Vielzahl körperlicher Mißempfindungen (z.B. Schwindel) und Schmerzen, jedoch als Folge einer organischen Störung.

Ausschluß:
- nichtorganische oder nicht näher bezeichnete somatoforme Störung (F45.x)

F06.7 Leichte kognitive Störung

Eine Störung, die charakterisiert ist durch Gedächtnisstörungen, Lernschwierigkeiten und die verminderte Fähigkeit, sich längere Zeit auf eine Aufgabe zu konzentrieren. Oft besteht ein Gefühl geistiger Ermüdung bei dem Versuch, Aufgaben zu lösen. Objektiv erfolgreiches Lernen wird subjektiv als schwierig empfunden. Keines dieser Symptome ist so schwerwiegend, daß die Diagnose einer Demenz (F00–F03) oder eines Delirs (F05.x) gestellt werden kann. Die Diagnose sollte nur in Verbindung mit einer körperlichen Erkrankung gestellt und bei Vorliegen einer anderen psychischen oder Verhaltensstörung aus dem Abschnitt F10–F99 nicht verwandt werden.

Diese Störung kann vor, während oder nach einer Vielzahl von zerebralen oder systemischen Infektionen oder anderen körperlichen Erkrankungen auftreten. Der direkte Nachweis einer zerebralen Beteiligung ist aber nicht notwendig.

Die Störung wird vom postenzephalitischen (F07.1) und vom organischen Psychosyndrom nach Schädelhirntrauma (F07.2) durch seine andere Ätiologie, die wenig variablen, insgesamt leichteren Symptome und die zumeist kürzere Dauer unterschieden.

F06.8. Sonstige näher bezeichnete organische psychische Störung aufgrund einer Schädigung oder Funktionsstörung des Gehirns oder einer körperlichen Krankheit

Dazugehöriger Begriff:
– nicht näher bezeichnete epileptische Psychose

F06.9 Nicht näher bezeichnete organische psychische Störungen aufgrund einer Schädigung oder Funktionsstörung des Gehirns oder einer körperlichen Krankheit

Dazugehörige Begriffe:
– nicht näher bezeichnetes hirnorganisches Syndrom
– nicht näher bezeichnete organische psychische Störung

F07 Persönlichkeits- und Verhaltensstörung aufgrund einer Erkrankung, Schädigung oder Funktionsstörung des Gehirns

Eine Veränderung der Persönlichkeit oder des Verhaltens kann Folge oder Begleiterscheinung einer Erkrankung, Schädigung oder Funktionsstörung des Gehirns sein.

F07.0 Organische Persönlichkeitsstörung

Diese Störung ist charakterisiert durch eine auffällige Veränderung des gewohnten prämorbiden Verhaltensmusters und betrifft die Äußerung von Affekten, Bedürfnissen und Impulsen.

Besonders zu beachten:
Zusätzlich zu einer bekannten Vorgeschichte oder anderen Hinweisen auf eine Hirnerkrankung, Hirnschädigung oder Hirnfunktionsstörung gründet sich die Diagnose auf das Vorliegen von mindestens zwei der folgenden Merkmale:

1. Andauernd reduzierte Fähigkeit, zielgerichtete Aktivitäten über längere Zeiträume durchzuhalten und Befriedigungen aufzuschieben.

2. Verändertes emotionales Verhalten, das durch emotionale Labilität, flache und ungerechtfertigte Fröhlichkeit (Euphorie, inadäquate Witzelsucht) und leichten Wechsel zu Reizbarkeit oder kurz andauernden Ausbrüchen von Wut und Aggression charakterisiert ist; in manchen Fällen kann Apathie mehr im Vordergrund stehen.

3. Äußerungen von Bedürfnissen und Impulsen meist ohne Berücksichtigung von Konsequenzen oder sozialen Konventionen (der Patient kann unsoziale Handlungen begehen, wie Stehlen, unangemessene sexuelle Annäherungsversuche, gierig essen oder die Körperpflege vernachlässigen).

4. Kognitive Störungen in Form von Mißtrauen oder paranoidem Denken und/oder exzessiver Beschäftigung mit einem einzigen, meist abstrakten Thema (z.B. Religion, Recht und Unrecht).

5. Auffällige Veränderungen der Sprachproduktion und des Redeflusses, Umständlichkeit, Begriffsunschärfe, zähflüssiges Denken und Schreibsucht.

6. Verändertes Sexualverhalten (verminderte Sexualität oder Wechsel in der sexuellen Präferenz).

Dazugehörige Begriffe:
– organisch bedingte:
  – pseudopsychopathische Persönlichkeit
  – pseudoretardierte Persönlichkeit
– Syndrome:
  – Frontalhirnsyndrom
  – Persönlichkeitsstörung bei limbischer Epilepsie
  – Lobotomiesyndrom
  – Leukotomiesyndrom

Ausschluß:
- andauernde Persönlichkeitsänderungen:
  - nach Extrembelastung (F62.0)
  - nach psychischer Erkrankung (F62.1)
- organisches Psychosyndrom nach Schädelhirntrauma (F07.2)
- postenzephalitisches Syndrom (F07.1)
- spezifische Persönlichkeitsstörung (F60.x)

F07.1 Postenzephalitisches Syndrom

Anhaltende unspezifische und uneinheitliche Verhaltensänderung nach einer viralen oder bakteriellen Enzephalitis. Das Syndrom ist reversibel; dies stellt den Hauptunterschied zu den organisch bedingten Persönlichkeitsstörungen dar.

Das Erscheinungsbild kann sich in allgemeinem Unwohlsein, Apathie oder Reizbarkeit äußern, in einer gewissen Verminderung kognitiver Funktionen (Lernstörungen), veränderten Schlaf- und Eßgewohnheiten, Änderungen im Sexualverhalten und der sozialen Urteilsfähigkeit. Es gibt eine Reihe bleibender neurologischer Funktionsstörungen, wie Lähmung, Taubheit, Aphasie, konstruktive Apraxie, Akalkulie.

Ausschluß:
- organische Persönlichkeitsstörung (F07.0)

F07.2 Organisches Psychosyndrom nach Schädelhirntrauma

Das Syndrom folgt einem Schädeltrauma, das meist schwer genug ist, um zur Bewußtlosigkeit zu führen. Es besteht aus einer Reihe verschiedenartiger Symptome, wie Kopfschmerzen, Schwindel, Erschöpfung, Reizbarkeit, Schwierigkeiten bei Konzentration und geistigen Leistungen, Gedächtnisstörungen, Schlafstörungen und verminderter Belastungsfähigkeit für Streß, emotionale Reize oder Alkohol.

Mindestens drei der oben erwähnten Merkmale rechtfertigen die Diagnose. Sorgfältige technische Untersuchungen (Elektroenzephalographie, evozierte Hirnstammpotentiale, bildgebende Verfahren, Elektronystagmographie) können objektive Nachweise liefern und die Symptome belegen, aber oft sind diese Befunde negativ.

Dazugehörige Begriffe:
- postkontusionelles Syndrom (Enzephalopathie)
- nichtpsychotisches posttraumatisches (organisches) Gehirnsyndrom

F07.8 Sonstige organische Persönlichkeits- und Verhaltensstörungen aufgrund einer Krankheit, Schädigung oder Funktionsstörung des Gehirns

Dazugehöriger Begriff:
– rechtshemisphärische organische affektive Störung

F07.9 Nicht näher bezeichnete organische Persönlichkeits- oder Verhaltensstörung aufgrund einer Krankheit, Schädigung oder Funktionsstörung des Gehirns

Dazugehöriger Begriff:
– organisches Psychosyndrom

F09 Nicht näher bezeichnete organische oder symptomatische psychische Störungen

Dazugehöriger Begriff:
– nicht näher bezeichnete organische Psychose
– nicht näher bezeichnete symptomatische Psychose

Ausschluß:
– nicht näher bezeichnete Psychose (F29)

F1 Psychische und Verhaltensstörungen durch psychotrope Substanzen

Dieser Abschnitt enthält eine Vielzahl von Störungen unterschiedlichen Schweregrades und mit verschiedenen klinischen Erscheinungsbildern; die Gemeinsamkeit besteht im Gebrauch einer oder mehrerer psychotroper Substanzen (mit oder ohne ärztliche Verordnung). Die verursachenden Substanzen werden durch die 3. Stelle, die klinischen Erscheinungsbilder durch die 4. Stelle kodiert; diese können je nach Bedarf allen psychotropen Substanzen zugeordnet werden. Es muß aber berücksichtigt werden, daß nicht alle Kodierungen der vierten Stelle für alle Substanzen sinnvoll anzuwenden sind.

F10   Störungen durch Alkohol

F11   Störungen durch Opioide

F12   Störungen durch Cannabinoide

F13   Störungen durch Sedativa oder Hypnotika

F14 Störungen durch Kokain

F15 Störungen durch andere Stimulantien einschließlich Koffein

F16 Störungen durch Halluzinogene

F17 Störungen durch Tabak

F18 Störungen durch flüchtige Lösungsmittel

F19 Störungen durch multiplen Substanzgebrauch und Konsum sonstiger psychotroper Substanzen

Die Identifikation der psychotropen Stoffe soll auf der Grundlage möglichst vieler Informationsquellen erfolgen, wie die eigenen Angaben des Patienten, die Analyse von Blutproben oder von anderen Körperflüssigkeiten, charakteristische körperliche oder psychische Symptome, klinische Merkmale und Verhalten sowie andere Befunde wie die im Besitz des Patienten befindlichen Substanzen oder fremdanamnestische Angaben.

Viele Betroffene nehmen mehrere Substanzarten zu sich. Die Hauptdiagnose soll möglichst nach der Substanz oder Substanzklasse erfolgen, die das gegenwärtige klinische Syndrom verursacht oder im wesentlichen dazu beigetragen hat. Zusatzdiagnosen sollen kodiert werden, wenn andere Substanzen oder Substanzklassen Intoxikationen (F1x.0), schädlichen Gebrauch (F1x.1), Abhängigkeit (F1x.2) und andere Störungen (F1x.3–F1x.9) verursacht haben. Nur wenn die Substanzaufnahme chaotisch und wahllos verläuft oder wenn Bestandteile verschiedener Substanzen untrennbar vermischt sind, soll die Diagnose "Störung durch multiplen Substanzgebrauch (F19)" gestellt werden.

Ausschluß:
– Mißbrauch von Substanzen, die keine Abhängigkeit hervorrufen (F55)

Die folgenden Untergruppen sind zusammen mit den Kategorien F10–F19 zu verwenden. Die vierte Stelle beschreibt jeweils das klinische Erscheinungsbild (s.o.).

F1x.0 Akute Intoxikation

Ein Zustandsbild nach Aufnahme einer psychotropen Substanz mit Störungen von Bewußtseinslage, kognitiven Fähigkeiten, Wahrnehmung, Affekt und Verhalten oder anderer psychophysiologischer Funktionen und Reaktionen. Die Störungen stehen in einem direkten Zusammenhang mit den akuten pharmakologischen Wirkungen der Substanz und nehmen bis zur vollständigen Wiederherstellung mit der Zeit ab, ausgenommen in den Fällen, in denen Gewebeschäden oder andere Komplikationen aufgetreten sind. Komplikationen können ein Trauma, Aspiration von Erbrochenem, Delir, Koma, Krampfanfälle und andere medizinische Folgen sein. Die Art dieser Komplikationen hängt von den pharmakologischen Eigenschaften der Substanz und der Aufnahmeart ab.

Dazugehörige Begriffe:

- Akuter Rausch bei Alkoholismus
- "Horrortrip" (bad trips) bei Drogen
- nicht näher bezeichneter Rausch
- pathologischer Rausch
- Trance und Besessenheitszustände bei Intoxikation mit psychotropen Substanzen

F1x.1 Schädlicher Gebrauch

Konsum psychotroper Substanzen, der zu Gesundheitsschädigung führt. Diese kann als körperliche Störung auftreten, etwa in Form einer Hepatitis nach Selbstinjektion der Substanz, oder als psychische Störung, z.B. als depressive Episode durch massiven Alkoholkonsum.

Dazugehöriger Begriff:

- Mißbrauch psychotroper Substanzen

F1x.2 Abhängigkeitssyndrom

Eine Gruppe von Verhaltens-, kognitiven und körperlichen Phänomenen, die sich nach wiederholtem Substanzgebrauch entwickeln. Typischerweise besteht ein starker Wunsch, die Substanz einzunehmen, eine verminderte Kontrolle über ihren Konsum und anhaltender Substanzgebrauch trotz schädlicher Folgen. Dem Substanzgebrauch wird Vorrang vor anderen Aktivitäten und Verpflichtungen gegeben. Es entwickelt sich eine Toleranzerhöhung und manchmal ein körperliches Entzugssyndrom.

Das Abhängigkeitssyndrom kann sich auf einen einzelnen Stoff beziehen (z.B. Tabak, Alkohol oder Diazepam), auf eine Substanzgruppe (z.B. opiatähnliche Substanzen) oder auch auf ein weites Spektrum pharmakologisch unterschiedlicher Substanzen.

Dazugehörige Begriffe:

- Alkoholismus
- Dipsomanie
- Drogensucht

F1x.3 Entzugssyndrom

Es handelt sich um eine Gruppe von Symptomen unterschiedlicher Zusammensetzung und Schweregrades, nach absolutem oder relativem Entzug einer psychotropen Substanz, die anhaltend konsumiert worden ist. Beginn und Verlauf des Entzugssyndroms sind zeitlich begrenzt und abhängig von der Substanzart und der Dosis, die unmittelbar vor der Beendigung oder Reduktion des Konsums verwendet worden ist. Das Entzugssyndrom kann durch symptomatische Krampfanfälle kompliziert werden.

Besonders zu beachten:

Das Entzugssyndrom ist einer der Indikatoren des Abhängigkeitssyndroms (siehe F1x.2), daher ist auch diese Diagnose zu erwägen.
Ein Entzugssyndrom soll vorrangig dann diagnostiziert werden, wenn es Grund für die gegenwärtige Konsultation ist und wenn das Erscheinungsbild so schwer ist, daß es eine besondere medizinische Behandlung erfordert.
Die körperlichen Symptome sind je nach verwendeter Substanz unterschiedlich. Häufige Merkmale sind auch psychische Störungen (z.B. Angst, Depression und Schlafstörungen). Typischerweise berichten die Patienten, daß sich die Entzugssymptome durch die erneute Zufuhr der Substanz bessern.
Es ist auch daran zu denken, daß Entzugssyndrome durch konditionierte Reize ohne unmittelbar vorhergehende Substanzzufuhr ausgelöst werden können. In solchen Fällen ist ein Entzugssyndrom nur dann zu diagnostizieren, wenn der Schweregrad dies rechtfertigt.

F1x.4 Entzugssyndrom mit Delir

Ein Zustandsbild, bei dem das Entzugssyndrom (siehe F1x.3) durch ein Delir (siehe Kriterien für F05) kompliziert wird. Symptomatische Krampfanfälle können ebenfalls auftreten.

Dazugehöriger Begriff:

– Delirium tremens, alkoholbedingt

F1x.5 Psychotische Störung

Eine Gruppe psychotischer Phänomene, die während oder nach (gewöhnlich innerhalb von 48 Stunden) dem Substanzgebrauch auftreten, aber nicht durch eine akute Intoxikation erklärt werden können und auch nicht Teil eines Entzugssyndroms sind. Die Störung ist durch Halluzinationen (typischerweise akustische, oft aber auf mehr als einem Sinnesgebiet), Wahrnehmungsstörungen, Wahnideen (häufig paranoide Gedanken oder Verfolgungsideen), psychomotorische Störungen (Erregung oder Stupor) sowie abnorme Affekte gekennzeichnet, die von intensiver Angst bis zur Ekstase reichen können. Das Sensorium ist üblicherweise klar, jedoch kann das Bewußtsein bis zu einem gewissen

Grad eingeschränkt sein, wobei allerdings keine ausgeprägte Verwirrtheit auftritt. Die Störung geht typischerweise innerhalb von sechs Monaten vollständig zurück.

Dazugehörige Begriffe:
- Alkoholhalluzinose
- alkoholischer Eifersuchtswahn
- alkoholische Paranoia
- nicht näher bezeichnete Alkoholpsychose

F1x.6 Amnestisches Syndrom

Ein Syndrom, das mit einer ausgeprägten chronischen Schädigung des Kurz- und Langzeitgedächtnisses einhergeht. Das Immediatgedächtnis ist gewöhnlich erhalten und das Langzeitgedächtnis weniger gestört. Die Störungen des Zeitgefühls und des Zeitgitters sind meist deutlich, ebenso wie die Beeinträchtigung der Fähigkeit, neues Lernmaterial aufzunehmen. Konfabulationen können ausgeprägt sein, sind jedoch nicht in jedem Fall vorhanden. Andere kognitive Funktionen sind meist relativ gut erhalten, die amnestischen Störungen sind im Verhältnis zu anderen Beeinträchtigungen besonders ausgeprägt.

Dazugehörige Begriffe:
- alkohol- oder substanzbedingte amnestische Störung
- alkohol- oder substanzbedingte Korsakow-Psychose oder -Syndrom
- nicht näher bezeichnetes Korsakow-Syndrom

Ausschluß:
- nicht alkoholbedingtes Korsakow-Syndrom (F04)

F1x.7 Restzustand und verzögert auftretende psychotische Störung

Eine Störung, bei der alkohol- oder substanzbedingte Veränderungen der kognitiven Fähigkeiten, des Affekts, der Persönlichkeit oder des Verhaltens über einen Zeitraum hinaus bestehen, in dem noch eine direkte Substanzwirkung angenommen werden kann.

Der Beginn dieser Störung sollte in unmittelbarem Zusammenhang mit dem Gebrauch der psychotropen Substanz stehen. Beginnt das Zustandsbild nach dem Substanzgebrauch, ist ein sicherer und genauer Nachweis notwendig, daß der Zustand auf Effekte der psychotropen Substanz zurückzuführen ist. Nachhallphänomene (Flashbacks) unterscheiden sich von einem psychotischen Zustandsbild durch ihr episodisches Auftreten, durch ihre meist kurze Dauer und das Wiederholen kürzlich erlebter alkohol- oder substanzbedingter Erlebnisse.

Dazugehörige Begriffe:
- nicht näher bezeichnete Alkoholdemenz
- chronisches hirnorganisches Syndrom bei Alkoholismus

- Demenz und andere leichtere Formen anhaltender Beeinträchtigung der kognitiven Fähigkeiten
- Nachhallzustände (flashbacks)
- verzögert auftretende psychotische Störung
- posthalluzinogene Wahrnehmungsstörung
- residuale affektive Störung
- residuale Störung der Persönlichkeit und des Verhaltens

Ausschluß:
- alkohol- oder substanzbedingtes Korsakow-Syndrom (F1x.6)
- alkohol- oder substanzbedingter psychotischer Zustand (F1x.5)

F1x.8. Sonstige alkohol- oder substanzbedingte psychische und Verhaltensstörungen

F1x.9 Nicht näher bezeichnete alkohol- oder substanzbedingte psychische und Verhaltensstörung

F2 Schizophrenie, schizotype und wahnhafte Störungen

In diesem Abschnitt finden sich die Schizophrenie als das wichtigste Krankheitsbild dieser Gruppe, die schizotype Störung, die anhaltenden wahnhaften Störungen und eine größere Gruppe vorübergehender akuter psychotischer Störungen. Schizoaffektive Störungen werden trotz ihrer umstrittenen Natur weiterhin in diesem Abschnitt aufgeführt.

F20 Schizophrenie

Die schizophrenen Störungen sind im allgemeinen durch grundlegende und charakteristische Störungen von Denken und Wahrnehmung sowie inadäquate oder verflachte Affekte gekennzeichnet. Die Bewußtseinsklarheit und die intellektuellen Fähigkeiten sind in der Regel nicht beeinträchtigt, obwohl sich im Laufe der Zeit gewisse kognitive Defizite entwickeln können. Die wichtigsten psychopathologischen Phänomene sind Gedankenlautwerden, Gedankeneingebung oder Gedankenentzug, Gedankenausbreitung, Wahnwahrnehmung, Kontrollwahn, Beeinflussungswahn oder das Gefühl des Gemachten, Stimmen, die in der dritten Person den Patienten kommentieren oder über ihn sprechen, Denkstörungen und "negative" Symptome. Die Symptome müssen fast ständig während eines Monats oder länger deutlich vorhanden gewesen sein. Der Verlauf der schizophrenen Störungen kann kontinuierlich oder episodisch mit zunehmenden oder stabilen Defiziten sein, oder es können eine oder mehrere Episoden mit vollständiger oder unvollständiger Remission auftreten.

Die Diagnose Schizophrenie soll bei ausgeprägten depressiven oder manischen Symptomen nicht gestellt werden, es sei denn, schizophrene Symptome wären der affektiven Störung vorausgegangen. Ebensowenig ist eine Schizophrenie bei eindeutiger Gehirnerkankung, während einer Intoxikation oder während eines Entzugssyndroms zu diagnostizieren. Ähnliche Störungen bei Epilepsie oder anderen Hirnerkrankungen sollen unter F06.2 kodiert werden, die durch psychotrope Substanzen bedingten psychotischen Störungen unter F1x.5.

Ausschluß:
- akute Schizophrenie (F23.2)
- zyklische Schizophrenie (F25.2)
- schizophrene Reaktion (F23.2)
- schizotype Störung (F21)

F20.0 Paranoide Schizophrenie

Die paranoide Schizophrenie ist durch beständige, häufig paranoide Wahnvorstellungen gekennzeichnet, meist begleitet von akustischen Halluzinationen und Wahrnehmungsstörungen. Störungen der Stimmung, des Antriebs und der Sprache, katatone Symptome fehlen entweder oder sind wenig auffallend.

Beispiele für die häufigsten paranoiden bzw. halluzinatorischen Symptome sind:
1. Verfolgungswahn, Beziehungswahn, Abstammungswahn, Sendungswahn, coenästhetischer oder Eifersuchtswahn.
2. Stimmen, die den Betroffenen bedrohen oder ihm Befehle geben, nichtverbale akustische Halluzinationen (Akoasmen) wie Pfeifen, Brummen oder Lachen.
3. Geruchs- oder Geschmackshalluzinationen, sexuelle oder andere Körperhalluzinationen. Optische Halluzinationen können ebenfalls auftreten, stehen aber selten im Vordergrund.

Diagnostische Leitlinien:

Die allgemeinen diagnostischen Kriterien für Schizophrenie (F20) müssen erfüllt sein. Zusätzlich müssen Halluzinationen und/oder Wahn im Vordergrund stehen; Störungen des Affekts, des Antriebs und der Sprache sowie katatone Symptome bleiben eher im Hintergrund. Meist treten Halluzinationen wie unter 2. und 3. beschrieben auf. Der Wahn kann sich in fast jeder Weise zeigen: Kontrollwahn, Beeinflussungswahn oder das Gefühl des Gemachten sowie verschiedenste Verfolgungsgedanken sind jedoch am charakteristischsten.

Dazugehörige Begriffe:
- paraphrene Schizophrenie (Paraphrenie)

Ausschluß:
- paranoider Involutionszustand (F22.8)
- Paranoia (F22.0)

F20.1 Hebephrene Schizophrenie

Die allgemeinen diagnostischen Kriterien für Schizophrenie (F20) müssen erfüllt sein.

Eine Form der Schizophrenie, bei der die affektiven Veränderungen (Stimmung flach und unpassend, oft begleitet von Kichern oder selbstzufriedenem, selbstversunkenem Lächeln oder von einer hochfahrenden Umgangsweise, von Grimassen, Faxen, hypochondrischen Klagen und immer wiederholten Äußerungen) im Vordergrund stehen, Wahnvorstellungen und Halluzinationen flüchtig und bruchstückhaft auftreten, das Verhalten verantwortungslos und unvorhersehbar ist und Manierismen häufig sind. Die Stimmung ist flach und unpassend. Das Denken ist desorganisiert, die Sprache zerfahren. Der Kranke neigt dazu, sich sozial zu isolieren. Wegen der schnellen Entwicklung der Minussymptomatik, besonders von Affektverflachung und Antriebsverlust, ist die Prognose zumeist schlecht. Eine Hebephrenie soll normalerweise nur bei Jugendlichen oder jungen Erwachsenen diagnostiziert werden. Die prämorbide Persönlichkeit ist meist ziemlich schüchtern und einzelgängerisch.

Dazugehörige Begriffe:
- desintegrative Schizophrenie
- Hebephrenie

F20.2 Katatone Schizophrenie

Die allgemeinen diagnostischen Kriterien für Schizophrenie (F20) müssen erfüllt sein.

Die katatone Schizophrenie ist gekennzeichnet von den im Vordergrund stehenden psychomotorischen Störungen, die zwischen Extremen wie Erregung und Stupor sowie Befehlsautomatismus und Negativismus alternieren können. Zwangshaltungen und -stellungen können lange Zeit beibehalten werden. Episodenhafte schwere Erregungszustände können ein Charakteristikum dieses Krankheitsbildes sein. Die katatonen Phänomene können mit einem traumähnlichen (oneiroiden) Zustand mit lebhaften szenischen Halluzinationen verbunden sein. Charakteristisch können ferner sein: Haltungsstereotypien, Katalepsie und verbale Perseverationen.

Dazugehörige Begriffe:
- katatoner Stupor
- schizophrene Katalepsie
- schizophrene Katatonie
- Flexibilitas cerea bei Schizophrenie

F20.3 Undifferenzierte Schizophrenie

Diese Kategorie soll für psychotische Zustandsbilder verwendet werden, welche die allgemeinen diagnostischen Kriterien der Schizophrenie (F20) erfüllen, ohne einer der beschriebenen Unterformen zu entsprechen, oder die Merkmale von mehr als einer aufweisen, ohne daß bestimmte diagnostische Charakteristika eindeutig überwiegen.

Dazugehöriger Begriff:
– atypische Schizophrenie

Ausschluß:
– akute schizophreniforme psychotische Störung (F23.2)
– chronische undifferenzierte Schizophrenie (F20.5)
– postschizophrene Depression (F20.4)

F20.4 Postschizophrene Depression

Eine unter Umständen länger anhaltende depressive Episode, die im Anschluß an eine schizophrene Erkrankung auftritt. Einige "positive" oder "negative" schizophrene Symptome müssen noch vorhanden sein, beherrschen aber das klinische Bild nicht mehr. Diese depressiven Zustände sind mit einem erhöhten Suizidrisiko verbunden.

Wenn der Patient keine schizophrenen Symptome mehr aufweist, sollte cine depressive Episode diagnostiziert werden (F32.x). Wenn floride schizophrene Symptome noch im Vordergrund stehen, sollte die entsprechende schizophrene Unterform (F20.0 bis F20.3) diagnostiziert werden.

Besonders zu beachten:
Der Patient muß innerhalb der letzten 12 Monate unter einer Schizophrenie (F20.0 bis F20.3) gelitten haben. Die depressiven Symptome müssen seit mindestens 2 Wochen vorhanden sein und die Kriterien für eine depressive Episode erfüllen.

F20.5 Schizophrenes Residuum

Ein chronisches Stadium in der Entwicklung einer schizophrenen Erkrankung, bei welchem eine eindeutige Verschlechterung von einem früheren zu einem späteren Stadium vorliegt und das durch langandauernde, jedoch nicht unbedingt irreversible "negative" Symptome und Beeinträchtigungen charakterisiert ist. Hierzu gehören psychomotorische Verlangsamung, verminderte Aktivität, Affektverflachung, Passivität und Initiativemangel, qualitative und quantitative Sprachverarmung, geringe nonverbale Kommunikation durch Gesichtsausdruck, Blickkontakt, Modulation der Stimme und Körperhaltung, Vernachlässigung der Körperpflege und nachlassende soziale Leistungsfähigkeit.

Besonders zu beachten:

Für den Zeitraum eines Jahres müssen Intensität und Häufigkeit von floriden Symptomen gering oder wesentlich vermindert gewesen sein und das "negative" schizophrene Syndrom vorgelegen haben. Demenz, organische Hirnschädigung, chronische Depression und Hospitalismus sind auszuschließen.

Dazugehörige Begriffe:
- chronische undifferenzierte Schizophrenie
- schizophrener Restzustand
- schizophrener Residualzustand

F20.6 Schizophrenia simplex

Eine Störung mit schleichender Progredienz von merkwürdigem Verhalten, mit einer Einschränkung, gesellschaftliche Anforderungen zu erfüllen, und mit Verschlechterung der allgemeinen Leistungsfähigkeit über mindestens 1 Jahr. Die charakteristische Negativsymptomatik des schizophrenen Residuums (Affektverflachung, Antriebsminderung usw.) entwickelt sich ohne vorhergehende produktive psychotische Symptome.

F20.8 Sonstige Schizophrenie

Dazugehöriger Begriff:
- coenästhetische Schizophrenie

F20.9. Nicht näher bezeichnete Schizophrenie

F21 Schizotype Störung

Eine Störung mit exzentrischem Verhalten und Anomalien des Denkens und der Stimmung, die schizophren wirken, obwohl nie eindeutige und charakteristische schizophrene Symptome aufgetreten sind. Es kommen vor: ein kalter Affekt, Anhedonie und eigentümliches Verhalten, Tendenz zu sozialem Rückzug, paranoische oder bizarre Ideen, die aber nicht bis zu eigentlichen Wahnvorstellungen gehen, zwanghaftes Grübeln, Denk- und Wahrnehmungsstörungen, gelegentlich vorübergehende, quasipsychotische Episoden mit intensiven Illusionen, akustischen oder anderen Halluzinationen und wahnähnlichen Ideen, meist ohne äußere Veranlassung: Denken und Sprache vage, umständlich, metaphorisch, gekünstelt und oft stereotyp, ohne ausgeprägte Zerfahrenheit oder Danebenreden. Es läßt sich kein klarer Beginn feststellen: Entwicklung und Verlauf entsprechen gewöhnlich einer Persönlichkeitsstörung.

Besonders zu beachten:

Diese diagnostische Kategorie wird nicht zum allgemeinen Gebrauch empfohlen, da keine klaren Grenzen zur Schizophrenia simplex oder zu den schizoiden oder paranoiden Persönlichkeitsstörungen vorhanden sind. Wenn die Bezeichnung verwendet wird, sollen drei oder vier der oben aufgelisteten typischen Merkmale mindestens zwei Jahre lang ständig oder episodisch vorhanden gewesen sein. Der Betroffene darf früher niemals die Kriterien für eine Schizophrenie erfüllt haben. Eine Schizophrenie bei einem Verwandten ersten Grades gibt der Diagnose zusätzliches Gewicht, ist aber nicht Voraussetzung.

Dazugehörige Begriffe:
- latente schizophrene Reaktion
- Borderline-Schizophrenie (Grenzschizophrenie)
- latente Schizophrenie
- präpsychotische Schizophrenie
- prodromale Schizophrenie
- pseudoneurotische Schizophrenie
- pseudopsychopathische Schizophrenie
- schizotype Persönlichkeitsstörung

Ausschluß:
- Asperger-Syndrom (F84.5)
- schizoide Persönlichkeitsstörung (F60.1)

F22 Anhaltende wahnhafte Störungen

Diese Gruppe enthält eine Reihe von Störungen, bei denen ein langandauernder Wahn das einzige oder das am meisten ins Auge fallende klinische Charakteristikum darstellt und die nicht als organisch, schizophren oder affektiv klassifiziert werden können. Wahnhafte Störungen, die nur wenige Monate angedauert haben, sollten wenigstens vorläufig unter F23 kodiert werden.

F22.0 Wahnhafte Störung

Eine Störung, charakterisiert durch die Entwicklung eines einzelnen Wahns oder mehrerer aufeinander bezogener Wahninhalte, die im allgemeinen lange, manchmal lebenslang, andauern. Sie müssen mindestens seit 3 Monaten bestehen. Der Inhalt des Wahns oder des Wahnsystems ist sehr unterschiedlich. Eindeutige und anhaltende akustische Halluzinationen (Stimmen), schizophrene Symptome wie Kontrollwahn oder Affektverflachung und eine eindeutige Gehirnerkrankung sind nicht mit der Diagnose vereinbar. Gelegentliche oder vorübergehende akustische Halluzinationen schließen besonders bei älteren Patienten die Diagnose jedoch nicht aus, solange diese Symptome nicht typisch schizophren erscheinen und nur einen kleinen Teil des klinischen Bildes ausmachen.

Dazugehörige Begriffe:
- Paranoia
- paranoide Psychose
- paranoides Zustandsbild
- (späte) Paraphrenie
- sensitiver Beziehungswahn

Ausschluß:
- paranoide Persönlichkeitsstörung (F60.0)
- paranoide psychogene Psychose (F23.2)
- paranoide Reaktion (F23.3)
- paranoide Schizophrenie (F20.0)

F22.8 Sonstige anhaltende wahnhafte Störungen

Hierbei handelt es sich um Störungen, bei denen ein Wahn oder Wahnsysteme von anhaltenden Stimmen oder von schizophrenen Symptomen begleitet werden, die aber nicht ausreichen, um die Diagnose Schizophrenie (F20.x) zu erfüllen.

Dazugehörige Begriffe:
- wahnhafte Dysmorphophobie
- paranoides Zustandsbild im Involutionsalter
- Paranoia querulans

F22.9 Nicht näher bezeichnete anhaltende wahnhafte Störung

F23 Akute, vorübergehende psychotische Störungen

Eine heterogene Gruppe von Störungen, die durch den akuten Beginn der psychotischen Symptome, wie Wahnvorstellungen, Halluzinationen und andere Wahrnehmungsstörungen, und durch eine schwere Störung des normalen Verhaltens charakterisiert sind. Der Begriff "akut" wird als "crescendo"-Entwicklung eines eindeutig abnormen klinischen Bildes innerhalb von 2 Wochen oder weniger definiert. Bei diesen Störungen gibt es keine Hinweise für eine organische Verursachung. Ratlosigkeit und Verwirrtheit kommen häufig vor, die zeitliche, örtliche und personale Desorientiertheit ist jedoch nicht konsistent oder schwer genug, um die Kriterien für ein organisch verursachtes Delir (F05) zu erfüllen. Eine vollständige Besserung erfolgt in der Regel innerhalb weniger Monate, oft bereits nach wenigen Wochen oder nur Tagen. Wenn die Störung weiterbesteht, wird eine Änderung der Kodierung notwendig. Die Störung kann im Zusammenhang mit einer akuten Belastung stehen, definiert als belastendes Ereignis ein oder zwei Wochen vor Beginn der Störung.

F23.0 Akute polymorphe psychotische Störungen ohne Symptome einer Schizophrenie

Eine akute psychotische Störung, bei der Halluzinationen, Wahnphänomene und Wahrnehmungsstörungen vorhanden, aber sehr unterschiedlich ausgeprägt sind und von Tag zu Tag oder sogar von Stunde zu Stunde wechseln. Häufig findet sich auch emotionales Aufgewühltsein mit intensiven vorübergehenden Glücksgefühlen und Ekstase oder Angst und Reizbarkeit. Die Vielgestaltigkeit und Unbeständigkeit sind für das gesamte klinische Bild charakteristisch; die psychotischen Merkmale erfüllen nicht die Kriterien für Schizophrenie (F20). Diese Störungen beginnen abrupt, entwickeln sich oft innerhalb weniger Tage und zeigen häufig eine rasche und anhaltende Rückbildung der Symptome ohne Rückfall. Wenn die Symptome andauern, sollte die Diagnose in anhaltende wahnhafte Störung (F22) geändert werden.

Dazugehörige Begriffe:

- Bouffée délirante ohne Symptome einer Schizophrenie oder nicht näher bezeichnet
- zykloide Psychose ohne Symptome einer Schizophrenie oder nicht näher bezeichnet

F23.1 Akute polymorphe psychotische Störung mit Symptomen einer Schizophrenie

Eine akute psychotische Störung mit vielgestaltigem und unbeständigem klinischem Bild, wie unter F23.0 beschrieben; trotz dieser Unbeständigkeit sind in der überwiegenden Zeit auch einige für die Schizophrenie typische Symptome vorhanden. Wenn die schizophrenen Symptome andauern, ist die Diagnose in Schizophrenie (F20) zu ändern.

Dazugehörige Begriffe:

- Bouffée délirante mit Symptomen einer Schizophrenie
- zykloide Psychose mit Symptomen einer Schizophrenie

F23.2 Akute schizophreniforme psychotische Störung

Eine akute psychotische Störung, bei der die psychotischen Symptome vergleichsweise stabil sind und die Kriterien für Schizophrenie (F20) erfüllen, aber weniger als einen Monat bestanden haben. Die polymorphen, unbeständigen Merkmale, die unter F23.0 beschrieben wurden, fehlen. Wenn die schizophrenen Symptome andauern, ist die Diagnose in Schizophrenie (F20) zu ändern.

Dazugehörige Begriffe:

- akute (undifferenzierte) Schizophrenie
- Oneirophrenie
- schizophrene Reaktion

- schizophreniforme Attacke
- schizophreniforme Störung
- schizophreniforme Psychose

Ausschluß:
- organische wahnhafte oder schizophreniforme Störung (F06.2)

F23.3 Andere akute, vorwiegend wahnhafte psychotische Störung

Es handelt sich um eine akute psychotische Störung, bei der verhältnismäßig stabile Wahnphänomene oder Halluzinationen die hauptsächlichen klinischen Merkmale darstellen, aber nicht die Kriterien für eine Schizophrenie erfüllen (F20). Wenn die Wahnphänomene andauern, ist die Diagnose in anhaltende wahnhafte Störung (F22) zu ändern.

Dazugehörige Begriffe:
- paranoide Reaktion
- psychogene paranoide Psychose

F23.8 Sonstige akute vorübergehende psychotische Störungen

Hier sollen alle anderen akuten psychotischen Störungen ohne Anhalt für eine organische Ursache klassifiziert werden, die nicht die Kriterien für F23.0–F23.3 erfüllen.

F23.9 Nicht näher bezeichnete akute vorübergehende psychotische Störung

Dazugehörige Begriffe:
- nicht andernorts klassifizierte kurze reaktive Psychose
- reaktive Psychose

F24 Induzierte wahnhafte Störung

Es handelt sich um eine wahnhafte Störung, die von zwei Personen mit einer engen emotionalen Bindung geteilt wird. Nur eine von beiden leidet unter einer echten psychotischen Störung; die Wahnvorstellungen bei dem anderen sind induziert und werden bei der Trennung des Paares meist aufgegeben.

Dazugehörige Begriffe:
- Folie à deux
- induzierte paranoide Störung
- induzierte psychotische Störung

F25 Schizoaffektive Störungen

Hierbei handelt es sich um episodische Störungen, bei denen sowohl affektive als auch schizophrene Symptome auftreten. Die Krankheitsepisode erfüllt weder die Kriterien für Schizophrenie noch für eine depressive oder manische Episode. Andere Zustandsbilder, bei denen affektive Symptome eine vorher bestehende Schizophrenie überlagern oder bei denen sie mit anderen anhaltenden Wahnkrankheiten gemeinsam auftreten oder alternieren, sind unter F20–F23 zu kodieren. Parathyme psychotische Symptome bei affektiven Störungen rechtfertigen die Diagnose einer schizoaffektiven Störung nicht.

F25.0 Schizoaffektive Störung, gegenwärtig manisch

Eine Störung, bei der sowohl schizophrene als auch manische Symptome vorliegen und deshalb weder die Diagnose einer Schizophrenie noch einer manischen Episode gerechtfertigt ist. Diese Kategorie ist sowohl für einzelne Episoden als auch für rezidivierende Störungen zu verwenden, bei denen die Mehrzahl der Episoden schizomanisch ist.

Dazugehörige Begriffe:
– schizoaffektive Psychose, manischer Typ
– schizophreniforme Psychose, manischer Typ

F25.1 Schizoaffektive Störung, gegenwärtig depressiv

Eine Störung, bei der sowohl schizophrene als auch depressive Symptome vorliegen und deshalb weder die Diagnose einer Schizophrenie noch einer depressiven Episode gerechtfertigt ist. Diese Kategorie ist sowohl für einzelne Episoden als auch für rezidivierende Störungen zu verwenden, bei denen die Mehrzahl der Episoden schizodepressiv ist.

Dazugehörige Begriffe:
– schizoaffektive Psychose, depressiver Typ
– schizophreniforme Psychose, depressiver Typ

F25.2 Gemischte schizoaffektive Störung

Dazugehörige Begriffe:
– zyklische Schizophrenie
– gemischte schizophrene und affektive Psychose

F25.8 Sonstige schizoaffektive Störungen

F25.9 Nicht näher bezeichnete schizoaffektive Störung

Dazugehöriger Begriff:
– nicht näher bezeichnete schizoaffektive Psychose

F28   Sonstige nichtorganische psychotische Störungen

Hier sind wahnhafte oder halluzinatorische Störungen zu kodieren, die nicht die Kriterien für Schizophrenie (F20), anhaltende wahnhafte Störungen (F22), vorübergehende akute psychotische Störungen (F23) oder psychotische Formen der manischen (F30.2) oder schweren depressiven Episode (F32.3) erfüllen.

Dazugehöriger Begriff:
– chronische halluzinatorische Psychose

F29   Nicht näher bezeichnete nicht-organische Psychose

Dazugehöriger Begriff:
– nicht näher bezeichnete Psychose

Ausschluß:
– nicht näher bezeichnete psychische Störung (F99)
– nicht näher bezeichnete organische oder symptomatische Psychose (F09)

F3   Affektive Störungen

Bei diesen Störungen bestehen die Hauptsymptome in einer Veränderung der Stimmung oder der Affektivität entweder zur Depression – mit oder ohne begleitende Angst – oder zur gehobenen Stimmung. Dieser Stimmungswechsel wird meist von einer Veränderung des allgemeinen Aktivitätsniveaus begleitet. Die meisten anderen Symptome beruhen hierauf oder sind im Zusammenhang mit dem Stimmungs- und Aktivitätswechsel leicht zu verstehen. Die meisten dieser Störungen neigen zu Rückfällen. Der Beginn der einzelnen Episoden ist oft mit belastenden Ereignissen oder Situationen in Zusammenhang zu bringen.

F30   Manische Episode

Alle Untergruppen dieser Kategorie dürfen nur für eine einzelne Episode verwendet werden. Hypomanische oder manische Episoden bei Betroffenen, die früher eine oder mehrere affektive (depressive, hypomanische, manische oder gemischte) Episoden hatten, sind unter bipolarer affektiver Störung (F32) zu klassifizieren.

Dazugehöriger Begriff:
– bipolare Störung, einzelne manische Episode

F30.0 Hypomanie

Eine Störung, charakterisiert durch eine anhaltende, leicht gehobene Stimmung (wenigstens einige Tage hintereinander), gesteigerten Antrieb und Aktivität und in der Regel auch ein auffallendes Gefühl von Wohlbefinden und körperlicher und seelischer Leistungsfähigkeit. Gesteigerte Geselligkeit, Gesprächigkeit, übermäßige Vertraulichkeit, gesteigerte Libido und vermindertes Schlafbedürfnis sind häufig vorhanden, aber nicht in dem Ausmaß, daß sie zu einem Abbruch der Berufstätigkeit oder zu sozialer Ablehnung führen. Reizbarkeit, Selbstüberschätzung und flegelhaftes Verhalten können an die Stelle der häufigen euphorischen Geselligkeit treten. Die Störungen der Stimmung und des Verhaltens werden nicht von Halluzinationen oder Wahn begleitet.

F30.1 Manie ohne psychotische Symptome

Die Stimmung ist situationsinadäquat gehoben und kann zwischen sorgloser Heiterkeit und fast unkontrollierbarer Erregung schwanken. Die Episode dauert wenigstens 1 Woche. Die gehobene Stimmung ist mit vermehrtem Antrieb verbunden, dies führt zu Überaktivität, Rededrang und vermindertem Schlafbedürfnis. Die Aufmerksamkeit kann nicht mehr aufrechterhalten werden, es kommt oft zu starker Ablenkbarkeit. Die Selbsteinschätzung ist mit Größenideen oder übertriebenem Optimismus häufig weit überhöht.

Der Verlust normaler sozialer Hemmungen kann zu einem leichtsinnigen, rücksichtslosen oder in bezug auf die Umstände unpassendem und persönlichkeitsfremdem Verhalten führen.

F30.2 Manie mit psychotischen Symptomen

Zusätzlich zu dem unter F30.1 beschriebenen klinischen Bild treten Wahn (zumeist Größenwahn) oder Halluzinationen (zumeist Stimmen, die unmittelbar zum Betroffenen sprechen) auf. Die Erregung, die ausgeprägte körperliche Aktivität und die Ideenflucht können so extrem sein, daß der Betroffene für eine normale Kommunikation unzugänglich wird.

Dazugehörige Begriffe:
– Manie mit synthymen psychotischen Symptomen
– Manie mit parathymen psychotischen Symptomen
– manischer Stupor

F30.8 Sonstige manische Episoden

F30.9 Nicht näher bezeichnete manische Episode

Dazugehöriger Begriff:
– nicht näher bezeichnete Manie

F31 Bipolare affektive Störung

Hierbei handelt es sich um eine Störung, die durch wenigstens zwei Episoden charakterisiert ist, in denen Stimmung und Aktivitätsniveau des Betroffenen deutlich gestört sind. Diese Störung besteht einmal in gehobener Stimmung, vermehrtem Antrieb und Aktivität (Hypomanie oder Manie), dann wieder in einer Stimmungssenkung und vermindertem Antrieb und Aktivität (Depression). Patienten, die ausschließlich an wiederholten hypomanischen oder manischen Episoden leiden, sind ebenfalls als bipolar zu klassifizieren (F31.8).

Dazugehörige Begriffe:
– manisch-depressive Erkrankung
– manisch-depressive Psychose
– manisch-depressive Reaktion

Ausschluß:
– bipolare affektive Störung, einzelne manische Episode (F30.x)
– Zyklothymia (F34.0)

F31.0 Bipolare affektive Störung, gegenwärtig hypomanische Episode

Die betroffene Person ist gegenwärtig hypomanisch (siehe F30.0) und hatte wenigstens eine weitere affektive Episode (hypomanisch, manisch, depressiv oder gemischt) in der Anamnese.

F31.1 Bipolare affektive Störung, gegenwärtig manische Episode ohne psychotische Symptome

Die betroffene Person ist gegenwärtig manisch ohne psychotische Symptome (siehe F30.1) und hatte wenigstens eine weitere affektive Episode (hypomanisch, manisch, depressiv oder gemischt) in der Anamnese.

F31.2 Bipolare affektive Störung, gegenwärtig manische Episode mit psychotischen Symptomen

Die betroffene Person ist gegenwärtig manisch mit psychotischen Symptomen (siehe F30.2) und hatte wenigstens eine weitere affektive Episode (hypomanisch, manisch, depressiv oder gemischt) in der Anamnese.

F31.3 Bipolare affektive Störung, gegenwärtig leichte oder mittelgradige depressive Episode

Die betroffene Person ist gegenwärtig depressiv wie bei einer leichten oder mittelgradigen depressiven Episode (siehe F32.0 oder F32.1) und hatte wenigstens eine eindeutig diagnostizierte hypomanische, manische oder gemischte Episode in der Anamnese.

F31.4 Bipolare affektive Störung, gegenwärtig schwere depressive Episode ohne psychotische Symptome

Die betroffene Person ist gegenwärtig depressiv wie bei einer schweren depressiven Episode ohne psychotische Symptome (siehe F32.2) und hatte wenigstens eine eindeutig diagnostizierte hypomanische, manische oder gemischte Episode in der Anamnese.

F31.5 Bipolare affektive Störung, gegenwärtig schwere depressive Episode mit psychotischen Symptomen

Die betroffene Person ist gegenwärtig depressiv wie bei einer schweren depressiven Episode mit psychotischen Symptomen (siehe F32.3) und hatte wenigstens eine eindeutig diagnostizierte hypomanische, manische oder gemischte Episode in der Anamnese.

F31.6 Bipolare affektive Störung, gegenwärtig gemischte Episode

Die betroffene Person hatte wenigstens eine eindeutig diagnostizierte hypomanische, manische, depressive oder gemischte affektive Episode in der Anamnese und zeigt gegenwärtig entweder eine Kombination oder einen raschen Wechsel von manischen und depressiven Symptomen.

Ausschluß:
– einzelne gemischte affektive Episode (F38.0)

F31.7 Bipolare affektive Störung, gegenwärtig remittiert

Die betroffene Person hatte wenigstens eine eindeutig diagnostizierte hypomanische, manische oder gemischte affektive Episode und wenigstens eine weitere depressive, hypomanische, manische oder gemischte affektive Episode in der Anamnese; in den letzten Monaten und gegenwärtig besteht keine deutliche Störung der Stimmung. Auch Remissionen unter einer prophylaktischen Behandlung sollen hier kodiert werden.

F31.8 Sonstige bipolare affektive Störungen

Dazugehörige Begriffe:
– bipolare Störung II
– rezidivierende manische Episoden

F31.9 Nicht näher bezeichnete bipolare affektive Störung

F32 Depressive Episoden

Bei den typischen leichten (F32.0), mittelgradigen (F32.1) oder schweren (F32.2 und F32.3) Episoden leidet die betroffene Person für die Dauer von mindestens 2 Wochen unter einer gedrückten Stimmung und einer Verminderung von Antrieb und Aktivität. Die Fähigkeit zur Freude, das Interesse und die Konzentration sind beeinträchtigt. Ausgeprägte Müdigkeit kann nach jeder kleinsten Anstrengung auftreten. Der Schlaf ist meist gestört, der Appetit vermindert. Selbstwertgefühl und Selbstvertrauen sind fast immer beeinträchtigt. Sogar bei der leichten Form kommen Schuldgefühle oder Gedanken über eigene Wertlosigkeit vor. Die gedrückte Stimmung verändert sich von Tag zu Tag wenig, reagiert nicht auf Lebensumstände und kann von sog. "somatischen" Symptomen begleitet werden, wie Interessenverlust oder Verlust der Freude, Früherwachen, Morgentief, deutliche psychomotorische Hemmung, Agitiertheit, Appetitverlust, Gewichtsverlust und Libidoverlust. Abhängig von Anzahl und Schwere der Symptome ist eine depressive Episode als leicht, mittelgradig oder schwer zu bezeichnen.

Dazugehörige Begriffe:

- einzelne Episoden von:
  - episodischer depressiver Störung
  - depressiver Reaktion
  - psychogener Depression
  - reaktiver Depression

Ausschluß:

- Anpassungsstörungen (F43.2)
- rezidivierende depressive Störung (F33.x)
- depressive Episode in Verbindung mit Störungen des Sozialverhaltens (F91.x, F92.0)

F32.0 Leichte depressive Episode

Von den drei typischen Symptomen einer Depression – depressive Stimmung, Verlust von Interesse oder Freude, erhöhte Ermüdbarkeit – sollten mindestens zwei vorhanden sein, zusätzlich mindestens zwei der übrigen unter F32 genannten Symptome. Die betroffene Person ist im allgemeinen davon beeinträchtigt, aber in der Lage, die meisten Aktivitäten zu bewältigen.

F32.1 Mittelgradige depressive Episode

Mindestens zwei der für die leichte depressive Episode (F32.0) angegebenen typischen Symptome und mindestens drei (besser vier) der anderen Symptome müssen vorhanden sein. Die betroffene Person hat meist große Schwierigkeiten, alltägliche Aktivitäten fortzusetzen.

F32.2 Schwere depressive Episode ohne psychotische Symptome

Eine depressive Episode mit mehreren, quälenden Symptomen. Typischerweise bestehen ein Verlust des Selbstwertgefühls und Gefühle von Wertlosigkeit und Schuld. Suizidgedanken und -handlungen sind häufig, und meist liegen einige somatische Symptome vor.

Dazugehörige Begriffe:
- agitierte Depression
- einzelne Episode einer "major depression"
- einzelne Episode einer vitalen Depression

F32.3 Schwere depressive Episode mit psychotischen Symptomen

Eine schwere depressive Episode, wie unter F32.2 beschrieben, bei der aber Halluzinationen, Wahnideen, psychomotorische Hemmung oder ein Stupor so schwer ausgeprägt sind, daß alltägliche soziale Aktivitäten unmöglich sind und Lebensgefahr durch Suizid und mangelhafte Flüssigkeits- und Nahrungsaufnahme bestehen kann. Halluzinationen und Wahn können, müssen aber nicht synthym sein.

Dazugehörige Begriffe:
- einzelne Episoden von:
  - "major depression"
    mit psychotischen Symptomen
  - psychogener depressiver Psychose
  - psychotischer Depression
  - reaktiver depressiver Psychose

F32.8 Sonstige depressive Episoden

Dazugehörige Begriffe:
- atypische Depression
- nicht näher bezeichnete einzelne Episoden einer "larvierten" Depression

F32.9 Nicht näher bezeichnete depressive Episode

Dazugehörige Begriffe:
- nicht näher bezeichnete Depression
- nicht näher bezeichnete depressive Störung

F33 Rezidivierende depressive Störung

Hierbei handelt es sich um eine Störung, die durch wiederholte depressive Episoden (siehe F32) charakterisiert ist, die durch ein Intervall von mehreren Monaten Dauer getrennt sind. In der Anamnese finden sich dabei keine unabhängigen Episoden mit gehobener Stimmung und vermehrtem Antrieb (Manie). Kurze Episoden von leicht gehobener Stimmung und Überaktivität (Hypomanie) können allerdings unmittelbar nach einer depressiven Episode, manchmal durch eine antidepressive Behandlung mitbedingt, aufgetreten sein. Die schwereren Formen der rezidivierenden depressiven Störung (F33.2 und F33.3) haben viel mit den früheren Konzepten der manisch-depressiven Erkrankung, der Melancholie, der vitalen Depression und der endogenen Depression gemeinsam. Die erste Episode kann in jedem Alter zwischen Kindheit und Senium auftreten, der Beginn kann akut oder schleichend sein, die Dauer reicht von wenigen Wochen bis zu vielen Monaten. Das Risiko, daß ein Patient mit rezidivierender depressiver Störung eine manische Episode entwickelt, wird niemals vollständig aufgehoben, gleichgültig, wieviele depressive Episoden aufgetreten sind. Bei Auftreten einer manischen Episode ist die Diagnose in bipolare affektive Störung zu ändern (F31.x).

Dazugehörige Begriffe:
– rezidivierende Episoden von:
  – depressiver Reaktion
  – psychogener Depression
  – reaktiver Depression
  – saisonaler depressiver Störung

Ausschluß:
– rezidivierende kurze depressive Episoden (F38.1)

F33.0 Rezidivierende depressive Störung, gegenwärtig leichte Episode

Eine Störung, die durch wiederholte depressive Episoden gekennzeichnet ist, wobei die gegenwärtige Episode leicht ist (siehe F32.0), ohne Manie in der Anamnese.

F33.1 Rezidivierende depressive Störung, gegenwärtig mittelgradige Episode

Eine Störung, die durch wiederholte depressive Episoden gekennzeichnet ist, wobei die gegenwärtige Episode mittelgradig ist (siehe F32.1), ohne Manie in der Anamnese.

F33.2 Rezidivierende depressive Störung, gegenwärtig schwere Episode ohne psychotische Symptome

Eine Störung, die durch wiederholte depressive Episoden gekennzeichnet ist, wobei die gegenwärtige Episode schwer ist, ohne psychotische Symptome (siehe F32.2) und ohne Manie in der Anamnese.

Dazugehörige Begriffe:
- endogene Depression ohne psychotische Symptome
- rezidivierende "major depression",
  ohne psychotische Symptome
- manisch-depressive Psychose, depressive Form,
  ohne psychotische Symptome
- rezidivierende vitale Depression, ohne psychotische Symptome

F33.3 Rezidivierende depressive Störung, gegenwärtig schwere Episode mit psychotischen Symptomen

Eine Störung, die durch wiederholte depressive Episoden gekennzeichnet ist; die gegenwärtige Episode ist schwer, mit psychotischen Symptomen (siehe F32.3), ohne Manie in der Anamnese.

Dazugehörige Begriffe:
- endogene Depression mit psychotischen Symptomen
- manisch-depressive Psychose, depressive Form,
  mit psychotischen Symptomen
- rezidivierende schwere Episoden von:
  - "major depression" mit psychotischen Symptomen
  - psychogener depressiver Psychose
  - psychotischer Depression
  - reaktiver depressiver Psychose

F33.4 Rezidivierende depressive Störung, gegenwärtig remittiert

Die Kriterien für eine der Störungen F33.0–F33.3 sind in der Anamnese erfüllt, aber in den letzten Monaten und gegenwärtig bestehen keine depressiven Symptome.

F33.8 Sonstige rezidivierende depressive Störungen

F33.9 Nicht näher bezeichnete rezidivierende depressive Störung

Dazugehöriger Begriff:
- nicht näher bezeichnete monopolare Depression

F34 Anhaltende affektive Störungen

Hierbei handelt es sich um anhaltende und meist fluktuierende Stimmungsstörungen, bei denen die Mehrzahl der einzelnen Episoden nicht ausreichend schwer genug sind, um als hypomanische oder auch nur leichte depressive Episoden gelten zu können. Da sie jahrelang, manchmal den größeren Teil des Erwachsenenlebens, andauern, ziehen sie beträchtliches subjektives Leiden und Beeinträchtigungen nach sich. Gelegentlich können rezidivierende oder einzelne manische oder depressive Episoden eine anhaltende affektive Störung überlagern.

F34.0 Zyklothymia

Hierbei handelt es sich um eine andauernde Instabilität der Stimmung mit zahlreichen Perioden von Depression und leicht gehobener Stimmung (Hypomanie), von denen aber keine ausreichend schwer und anhaltend genug ist, um die Kriterien für eine bipolare affektive Störung (F31.x) oder rezidivierende depressive Störung (F33.x) zu erfüllen. Diese Störung kommt häufig bei Verwandten von Patienten mit bipolarer affektiver Störung vor. Einige Patienten mit Zyklothymia entwickeln schließlich selbst eine bipolare affektive Störung.

Dazugehörige Begriffe:
– affektive Persönlichkeit(sstörung)
– zykloide Persönlichkeit
– zyklothyme Persönlichkeit

F34.1 Dysthymia

Hierbei handelt es sich um eine chronische, wenigstens mehrere Jahre andauernde depressive Verstimmung, die weder schwer noch hinsichtlich einzelner Episoden anhaltend genug ist, um die Kriterien einer schweren, mittelgradigen oder leichten rezidivierenden depressiven Störung (F33.x) zu erfüllen.

Dazugehörige Begriffe:
– depressive Neurose
– depressive Persönlichkeit
– neurotische Depression
– anhaltende ängstliche Depression

Ausschluß:
– nicht anhaltende oder nicht näher bezeichnete ängstliche Depression (F41.2)

F34.8 Sonstige anhaltende affektive Störungen

F34.9 Nicht näher bezeichnete anhaltende affektive Störung

F38 Sonstige affektive Störungen

Hierbei handelt es sich um eine Restkategorie für Stimmungsstörungen, die die Kriterien der Kategorien F30 bis F34 in bezug auf Ausprägung und Dauer nicht erfüllen.

F38.0 Sonstige einzelne affektive Störungen

Dazugehöriger Begriff:
– gemischte affektive Episode

F38.1 Sonstige rezidivierende affektive Störungen

Dazugehöriger Begriff:
- rezidivierende kurze depressive Episoden

F38.8 Sonstige näher bezeichnete affektive Störungen

F39 Nicht näher bezeichnete affektive Störung

Dazugehöriger Begriff:
- nicht näher bezeichnete affektive Psychose

F4 Neurotische, Belastungs- und somatoforme Störungen

Ausschluß:
- in Verbindung mit einer Störung des Sozialverhaltens (F91.x, F92.8)

F40 Phobische Störungen

Eine Gruppe von Störungen, bei der Angst ausschließlich oder überwiegend durch eindeutig definierte, eigentlich ungefährliche Situationen hervorgerufen wird. In der Folge werden diese Situationen typischerweise vermieden oder mit Furcht ertragen. Die Befürchtungen des Betreffenden können sich zusätzlich auf Einzelsymptome wie Herzklopfen oder Schwächegefühl beziehen, häufig gemeinsam mit sekundären Ängsten vor dem Sterben, vor Kontrollverlust oder dem Gefühl, wahnsinnig zu werden. Allein die Vorstellung, daß die phobische Situation eintreten könnte, erzeugt meist schon Erwartungsangst. Phobische Angst tritt häufig gleichzeitig mit Depression auf. Ob zwei Diagnosen, phobische Störung und depressive Episode, erforderlich sind, richtet sich nach dem zeitlichen Verlauf beider Zustandsbilder und nach therapeutischen Erwägungen zum Zeitpunkt der Konsultation.

F40.0 Agoraphobie

Eine relativ gut definierte Gruppe von Phobien, mit Befürchtungen, das Haus zu verlassen, Geschäfte zu betreten, in Menschenmengen und auf öffentlichen Plätzen zu sein, alleine mit Bahn, Bus oder Flugzeug zu reisen. Eine Panikstörung kommt als häufiges Merkmal bei gegenwärtigen oder zurückliegenden Episoden vor. Depressive und zwanghafte Symptome sowie soziale Phobien sind als zusätzliche Merkmale gleichfalls häufig vorhanden. Die Vermeidung der phobischen Situation steht oft im Vordergrund, und einige Agoraphobiker erleben nur wenig Angst, da sie die phobischen Situationen meiden können.

Dazugehörige Begriffe:

- Agoraphobie ohne Panikstörungen in der Anamnese
- Panikstörung mit Agoraphobie

F40.1 Soziale Phobien

Furcht vor prüfender Betrachtung durch andere Menschen, was zur Vermeidung sozialer Situationen führt. Umfassendere soziale Phobien sind in der Regel mit niedrigem Selbstwertgefühl und Furcht vor Kritik verbunden. Sie können sich in Beschwerden wie Erröten, Händezittern, Übelkeit oder Drang zum Wasserlassen äußern. Dabei meint die betreffende Person manchmal, daß eine dieser sekundären Manifestationen der Angst das primäre Problem darstellt. Die Symptome können sich bis zu Panikattacken steigern.

Dazugehörige Begriffe:

- Anthropophobie
- soziale Neurose

F40.2 Spezifische (isolierte) Phobien

Hierbei handelt es sich um Phobien, die auf besonders umschriebene Situationen wie Nähe von bestimmten Tieren, Höhen, Donner, Dunkelheit, Fliegen, geschlossene Räume, Urinieren oder Defäzieren auf öffentlichen Toiletten, Genuß bestimmter Speisen, Zahnarztbesuch oder auf den Anblick von Blut oder Verletzungen beschränkt sind. Obwohl die auslösende Situation streng begrenzt ist, kann sie Panikzustände wie bei Agoraphobie oder sozialer Phobie hervorrufen.

Dazugehörige Begriffe:

- Akrophobie
- Tierphobien
- Klaustrophobie
- einfache Phobie

Ausschluß:

- Dysmorphophobie (F45.2)
- Nosophobie (F45.2)

F40.8 Sonstige phobische Störungen

F40.9 Nicht näher bezeichnete phobische Störung

Dazugehörige Begriffe:

- nicht näher bezeichnete Phobie
- nicht näher bezeichnetes phobisches Zustandsbild

F41   Sonstige Angststörungen

Bei diesen Störungen stellen Manifestationen der Angst die Hauptsymptome dar, ohne auf eine bestimmte Umgebungssituation bezogen zu sein. Depressive und Zwangssymptome, sogar einige Elemente phobischer Angst können vorhanden sein, vorausgesetzt, sie sind eindeutig sekundär oder weniger ausgeprägt.

F41.0   Panikstörung (episodische paroxysmale Angst)

Das wesentliche Kennzeichen sind wiederkehrende schwere Angstattacken (Panik), die sich nicht auf eine spezifische Situation oder besondere Umstände beschränken und deshalb auch nicht vorhersehbar sind. Wie bei anderen Angsterkrankungen zählen zu den wesentlichen Symptomen plötzlich auftretendes Herzklopfen, Brustschmerz, Erstickungsgefühle, Schwindel und Entfremdungsgefühle (Depersonalisation oder Derealisation). Oft entsteht sekundär auch die Furcht zu sterben, vor Kontrollverlust oder die Angst, wahnsinnig zu werden.

Die Panikstörung soll nicht als Hauptdiagnose verwendet werden, wenn der Betroffene bei Beginn der Panikattacken an einer depressiven Störung leidet. Unter diesen Umständen sind die Panikattacken wahrscheinlich sekundäre Folge der Depression.

Dazugehörige Begriffe:
– Panikattacke
– Panikzustand

Ausschluß:
– Panikstörung mit Agoraphobie (F40.0)

F41.1   Generalisierte Angststörung

Das wesentliche Symptom ist eine generalisierte und anhaltende Angst. Sie ist nicht auf bestimmte Umgebungsbedingungen beschränkt oder auch nur besonders betont in solchen Situationen, sie ist vielmehr "frei flottierend". Die wesentlichen Symptome sind variabel, Beschwerden wie ständige Nervosität, Zittern, Muskelspannung, Schwitzen, Benommenheit, Herzklopfen, Schwindelgefühle oder Oberbauchbeschwerden gehören zu diesem Bild. Häufig wird die Befürchtung oder Sorge geäußert, der Betreffende selbst oder ein Angehöriger könnten demnächst erkranken oder einen Unfall haben.

Dazugehörige Begriffe:
– Angstneurose
– Angstreaktion
– Angstzustand

Ausschluß:
– Neurasthenie (F48. 0)

F41.2 Angst und depressive Störung, gemischt

Diese Kategorie soll bei gleichzeitigem Bestehen von Angst und Depression Verwendung finden, jedoch nur, wenn keine der beiden Störungen eindeutig vorherrscht und keine für sich genommen eine eigenständige Diagnose rechtfertigt. Treten ängstliche und depressive Symptome in so starker Ausprägung auf, daß sie einzelne Diagnosen rechtfertigen, sollen beide Diagnosen gestellt und auf diese Kategorie verzichtet werden.

Dazugehöriger Begriff:
– leichte oder nicht anhaltende ängstliche Depression

F41.3 Sonstige gemischte Angststörungen

Gemischte Angstsymptome mit Merkmalen anderer Störungen von F42–F48.

F41.8 Sonstige näher bezeichnete Angststörungen

Dazugehöriger Begriff:
– Angsthysterie

F41.9 Nicht näher bezeichnete Angststörung

Dazugehöriger Begriff:
– nicht näher bezeichnete Angst

F42 Zwangsstörung

Wesentliche Kennzeichen sind wiederkehrende Zwangsgedanken oder Zwangshandlungen, wenigstens 2 Wochen lang an den meisten Tagen. Zwangsgedanken sind Ideen, Vorstellungen oder Impulse, die den Betroffenen immer wieder stereotyp beschäftigen. Sie sind fast immer quälend, die betroffene Person versucht häufig erfolglos Widerstand zu leisten. Die Gedanken werden als zur eigenen Person gehörig erlebt, selbst wenn sie als unwillkürlich und häufig abstoßend empfunden werden. Zwangshandlungen oder -rituale sind Stereotypien, die ständig wiederholt werden. Sie werden weder als angenehm empfunden noch dienen sie dazu, an sich nützliche Aufgaben zu erfüllen. Die betroffene Person erlebt sie oft als Vorbeugung gegen ein objektiv unwahrscheinliches Ereignis, das ihr Schaden bringen oder bei dem sie selbst Unheil anrichten könnte. Im allgemeinen wird dieses Verhalten als sinnlos und ineffektiv erlebt, es wird immer wieder versucht, dagegen anzugehen. Angst ist meist ständig vorhanden. Werden Zwangshandlungen unterdrückt, verstärkt sich die Angst deutlich.

Dazugehörige Begriffe:
– anankastische Neurose
– Zwangsneurose

F42.0 Vorwiegend Zwangsgedanken oder Grübelzwang

Diese können die Form von zwanghaften Ideen, bildhaften Vorstellungen oder Zwangsimpulsen annehmen und sind fast immer für die betreffende Person quälend. Manchmal sind diese Ideen eine endlose Überlegung unwägbarer Alternativen, häufig verbunden mit der Unfähigkeit, triviale, aber notwendige Entscheidungen des täglichen Lebens zu treffen.

Die Beziehung zwischen Grübelzwängen und Depression ist besonders eng. Eine Zwangsstörung ist nur dann zu diagnostizieren, wenn der Grübelzwang nicht während einer depressiven Episode auftritt und anhält.

F42.1 Vorwiegend Zwangshandlungen (Zwangsrituale)

Die meisten Zwangshandlungen beziehen sich auf Reinlichkeit (besonders Händewaschen), wiederholte Kontrollen, die garantieren, daß sich eine möglicherweise gefährliche Situation nicht entwickeln kann, oder auf übertriebene Ordnung und Sauberkeit. Diesem Verhalten liegt die Furcht vor einer Gefahr zugrunde, die die betroffene Person bedroht oder von ihr ausgeht; das Ritual ist ein wirkungsloser oder symbolischer Versuch, diese Gefahr abzuwenden.

F42.2 Zwangsgedanken und -handlungen, gemischt

F42.8 Sonstige Zwangsstörungen

F42.9 Nicht näher bezeichnete Zwangsstörung

F43 Reaktion auf schwere Belastung und Anpassungsstörung

Die Störungen dieses Abschnittes unterscheiden sich von den übrigen nicht nur aufgrund der Symptomatologie und des Verlaufs, sondern auch durch die Angabe von ein oder zwei ursächlichen Faktoren: ein außergewöhnlich belastendes Lebensereignis, das eine akute Belastungsreaktion hervorruft, oder eine besondere Veränderung im Leben, die zu einer anhaltend unangenehmen Situation geführt hat und eine Anpassungsstörung hervorruft.

Obwohl weniger schwere psychosoziale Belastungen ("life events") den Beginn und das Erscheinungsbild auch zahlreicher anderer Störungen dieses Kapitels auslösen und beeinflussen können, ist ihre ätiologische Bedeutung doch nicht immer ganz klar. In jedem Fall hängt sie zusammen mit der individuellen, häufig idiosynkratischen Vulnerabilität, das heißt, die Belastungen sind weder notwendig noch ausreichend, um das Auftreten und die Art der Erkrankung zu erklären. Im Gegensatz dazu entstehen die hier aufgeführten Störungen immer als direkte Folge der akuten schweren Belastung oder des kontinuierlichen Traumas. Das belastende Ereignis oder die andauernden unangenehmen Umstände sind primäre und ausschlaggebende Kausalfaktoren, und die Störung wäre ohne ihre Einwirkung nicht entstanden. Die Störungen dieses Abschnitts können insofern als Anpassungsstörungen bei schwerer oder kontinuierlicher Belastung angesehen werden, als sie erfolgreiche Bewältigungsstrategien behindern und aus diesem Grunde zu einer Störung der sozialen Funktionsfähigkeit führen.

F43.0 Akute Belastungsreaktion

Eine vorübergehende Störung, die sich bei einem psychisch nicht manifest gestörten Menschen als Reaktion auf eine außergewöhnliche physische oder psychische Belastung entwickelt und die im allgemeinen innerhalb von Stunden oder Tagen abklingt. Die individuelle Vulnerabilität und die zur Verfügung stehenden Bewältigungsmechanismen (coping-Strategien) spielen bei Auftreten und Schweregrad der akuten Belastungsreaktionen eine Rolle. Die Symptomatik zeigt typischerweise ein gemischtes und wechselndes Bild, beginnend mit einer Art von "Betäubung", mit einer gewissen Bewußtseinseinengung und eingeschränkten Aufmerksamkeit, einer Unfähigkeit, Reize zu verarbeiten, und Desorientiertheit. Diesem Zustand kann ein weiteres Sichzurückziehen aus der Umweltsituation folgen (bis hin zu dissoziativem Stupor, siehe F44.2) oder aber ein Unruhezustand und Überaktivität (wie Fluchtreaktion oder Fugue). Vegetative Zeichen panischer Angst wie Tachykardie, Schwitzen und Erröten treten zumeist auf. Die Symptome erscheinen im allgemeinen innerhalb von Minuten nach dem belastenden Ereignis und gehen innerhalb von zwei oder drei Tagen, oft innerhalb von Stunden zurück. Teilweise oder vollständige Amnesie (siehe F44.0) bezüglich dieser Episode kann vorkommen.

Wenn die Symptome andauern, sollte eine Änderung der Diagnose und der Behandlung überlegt werden.

Dazugehörige Begriffe:
- akute Krisenreaktion
- Kriegsneurose
- Krisenzustand
- psychischer Schock

F43.1 Posttraumatische Belastungsstörung

Diese entsteht als eine verzögerte Reaktion auf ein belastendes Ereignis oder eine Situation kürzerer oder längerer Dauer mit außergewöhnlicher Bedrohung oder katastrophenartigem Ausmaß, die bei fast jedem eine tiefe Verzweiflung hervorrufen würde. Prädisponierende Faktoren wie bestimmte, z.B. zwanghafte oder asthenische Persönlichkeitszüge oder neurotische Erkrankungen in der Vorgeschichte können die Schwelle für die Entwicklung dieses Syndroms senken und seinen

Verlauf erschweren, aber die letztgenannten Faktoren sind weder notwendig noch ausreichend, um das Auftreten der Störung zu erklären.

Typische Merkmale sind das wiederholte Erleben des Traumas in sich aufdrängenden Erinnerungen (Nachhallerinnerungen, flashbacks), Träumen oder Alpträumen, die vor dem Hintergrund eines andauernden Gefühls von Betäubtsein und emotionaler Stumpfheit auftreten. Ferner finden sich Gleichgültigkeit gegenüber anderen Menschen, Teilnahmslosigkeit der Umgebung gegenüber, Freudlosigkeit sowie Vermeidung von Aktivitäten und Situationen, die Erinnerungen an das Trauma wachrufen könnten. Meist tritt ein Zustand von vegetativer Übererregtheit mit Vigilanzsteigerung, einer übermäßigen Schreckhaftigkeit und Schlafstörung auf. Angst und Depression sind häufig mit den genannten Symptomen und Merkmalen assoziiert, und Suizidgedanken sind nicht selten.

Der Beginn folgt dem Trauma mit einer Latenz, die wenige Wochen bis Monate dauern kann. Der Verlauf ist wechselhaft, in der Mehrzahl der Fälle kann jedoch eine Heilung erwartet werden. Bei wenigen Betroffenen nimmt die Störung über viele Jahre einen chronischen Verlauf und geht dann in eine andauernde Persönlichkeitsänderung (F62.0) über.

Dazugehöriger Begriff:
– traumatische Neurose

F43.2 Anpassungsstörungen

Hierbei handelt es sich um Zustände von subjektiver Bedrängnis und emotionaler Beeinträchtigung, die im allgemeinen soziale Funktionen und Leistungen behindern und während des Anpassungsprozesses nach einer entscheidenden Lebensveränderung oder nach belastenden Lebensereignissen auftreten. Diese beginnen in der Regel innerhalb 1 Monats nach dem belastenden Ereignis oder der Lebensveränderung. Die Belastung kann das soziale Netz des Betroffenen beschädigt haben (wie bei einem Trauerfall oder Trennungserlebnissen) oder das weitere Umfeld sozialer Unterstützung oder sozialer Werte (wie bei Emigration oder nach Flucht). Sie kann auch in einem größeren Entwicklungsschritt oder einer Krise bestehen (wie Schulbesuch, Elternschaft, Mißerfolg, Erreichen eines ersehnten Zieles und Ruhestand). Die individuelle Prädisposition oder Vulnerabilität spielt bei dem möglichen Auftreten und bei der Form der Anpassungsstörung eine bedeutsame Rolle; es ist aber davon auszugehen, daß das Krankheitsbild ohne die Belastung nicht entstanden wäre. Die Anzeichen sind unterschiedlich und umfassen depressive Stimmung, Angst, Sorge (oder eine Mischung von diesen). Außerdem kann ein Gefühl bestehen, mit den alltäglichen Gegebenheiten nicht zurechtzukommen, diese nicht vorausplanen oder fortsetzen zu können. Störungen des Sozialverhaltens können insbesondere bei Jugendlichen ein zusätzliches Symptom sein.

Hervorstechendes Merkmal kann eine kurze oder längere depressive Reaktion oder eine Störung anderer Gefühle und des Sozialverhaltens sein. Wenn die Kriterien für eine Anpassungsstörung erfüllt sind, können das klinische Bild bzw. die vorwiegenden Merkmale mit der 5. Stelle näher gekennzeichnet werden.

F43.20 Kurze depressive Reaktion

Ein vorübergehender leichter depressiver Zustand, der nicht länger als einen Monat dauert.

F43.21 Längere depressive Reaktion

Ein leichter depressiver Zustand als Reaktion auf eine länger anhaltende Belastungssituation, der aber nicht länger als zwei Jahre dauert.

F43.22 Angst und depressive Reaktion gemischt

Sowohl Angst als auch depressive Symptome sind vorhanden, aber nicht stärker ausgeprägt als bei Angst und depressive Störung gemischt (F41.2) oder sonstige gemischte Angststörung (F41.3).

F43.23 Mit vorwiegender Beeinträchtigung von anderen Gefühlen

Die Symptome betreffen zumeist verschiedene affektive Qualitäten, wie Angst, Depression, Sorgen, Anspannung und Ärger. Die ängstlichen und depressiven Symptome können die Kriterien für die gemischte Angst- und depressive Störung (F41.2) oder andere gemischte Angststörung (F41.3) erfüllen, aber sie sind nicht so vorherrschend, daß andere, mehr spezifische depressive oder Angststörungen diagnostiziert werden können. Diese Kategorie soll auch für Reaktionen von Kindern mit regressivem Verhalten, wie etwa Bettnässen oder Daumenlutschen, verwendet werden.

F43.24 Mit vorwiegender Störung des Sozialverhaltens

Die hauptsächliche Störung betrifft das Sozialverhalten. Z.B. kann sich eine Trauerreaktion eines Jugendlichen in aggressivem oder dissozialem Verhalten manifestieren.

F43.25 Mit gemischter Störung von Gefühlen und Sozialverhalten

Sowohl Störungen der Gefühle als auch des Sozialverhaltens sind führende Symptome.

F43.28 Andere spezifische Anpassungsstörungen

Dazugehörige Begriffe:
- Kulturschock
- Trauerreaktion
- Hospitalismus bei Kindern

Ausschluß:
- Trennungsangst in der Kindheit (F93.0)

F43.8 Sonstige Reaktionen auf schwere Belastung

F43.9 Nicht näher bezeichnete Reaktion auf schwere Belastung

F44 Dissoziative Störungen (Konversionsstörungen)

Das allgemeine Kennzeichen der dissoziativen oder Konversionsstörungen besteht in teilweisem oder völligem Verlust der normalen Integration, die sich auf Erinnerungen an die Vergangenheit, Identitätsbewußtsein und unmittelbare Wahrnehmungen sowie die Kontrolle von Körperbewegungen bezieht. Alle dissoziativen Störungen neigen nach einigen Wochen oder Monaten zur Remission, besonders wenn der Beginn mit einem traumatisierenden Lebensereignis verbunden war. Eher chronische Störungen, besonders Lähmungen und Gefühlsstörungen, entwickeln sich, wenn der Beginn mit unlösbaren Problemen oder interpersonellen Schwierigkeiten verbunden ist.

Diese Störungen wurden früher als verschiedene Formen der "Konversionsneurose" oder "Hysterie" klassifiziert. Sie werden als ursächlich psychogen angesehen, in enger zeitlicher Verbindung mit traumatisierenden Ereignissen, unlösbaren oder unerträglichen Konflikten oder gestörten Beziehungen.

Die Symptome verkörpern häufig das Konzept der betroffenen Person, wie sich eine körperliche Erkrankung manifestieren müßte. Körperliche Untersuchung und Befragungen geben keinen Hinweis auf eine bekannte somatische oder neurologische Erkrankung. Zusätzlich ist der Funktionsverlust offensichtlich Ausdruck emotionaler Konflikte oder Bedürfnisse. Die Symptome können sich in enger Beziehung zu psychischer Belastung entwickeln und erscheinen oft plötzlich. Nur Störungen der körperlichen Funktionen, die normalerweise unter willentlicher Kontrolle stehen, und Verlust der sinnlichen Wahrnehmung sind hier eingeschlossen. Störungen mit Schmerz und anderen komplexen körperlichen Empfindungen, die durch das vegetative Nervensystem vermittelt werden, sind unter Somatisierungsstörungen (F45.0) zu klassifizieren. Die Möglichkeit eines späteren Auftretens ernsthafter körperlicher oder psychiatrischer Störungen muß immer mitbedacht werden.

Dazugehörige Begriffe:
- Konversionshysterie
- Konversionsreaktion
- Hysterie
- hysterische Psychose

Ausschluß:
- Simulation (Z76.5)

F44.0 Dissoziative Amnesie

Das wichtigste Kennzeichen ist der Verlust der Erinnerung für meist wichtige aktuelle Ereignisse, der nicht durch eine organische psychische Störung bedingt ist und für den eine übliche Vergeßlichkeit oder Ermüdung als Erklärung nicht ausreicht. Die Amnesie bezieht sich meist auf traumatische Ereignisse wie Unfälle oder unerwartete Trauerfälle und ist in der Regel unvollständig und selektiv. Eine vollständige und generalisierte Amnesie ist selten, dann gewöhnlich Symptom einer Fugue (F44.1) und auch als solche zu klassifizieren.

Die Diagnose sollte nicht bei hirnorganischen Störungen, Intoxikationen oder extremer Erschöpfung gestellt werden.

Ausschluß:
- alkohol- oder substanzbedingte amnestische Störung (F10.6–19.6)
- nicht näher bezeichnete Amnesie (R41.1)
- anterograde Amnesie (R41.1)
- retrograde Amnesie (R41.1)
- organisches amnestisches Syndrom (F04)
- postiktale Amnesie bei Epilepsie (G40.x)

F44.1 Dissoziative Fugue

Eine Fugue ist eine zielgerichtete Ortsveränderung, die über die gewöhnliche Alltagsmobilität hinausgeht. Darüber hinaus zeigt sie alle Kennzeichen einer dissoziativen Amnesie (F44.0). Obwohl für die Zeit der Fugue eine Amnesie besteht, kann das Verhalten des Betreffenden auf unabhängige Beobachter vollständig normal wirken.

Ausschluß:
- postiktale Fugue bei Epilepsie (G40.x)

F44.2 Dissoziativer Stupor

Dissoziativer Stupor wird aufgrund einer beträchtlichen Verringerung oder des Fehlens von willkürlichen Bewegungen und normalen Reaktionen auf äußere Reize wie Licht, Geräusche oder Berührung diagnostiziert. Dabei lassen Befragung und Untersuchung keinen Anhalt für eine körperliche Ursache erkennen. Zusätzliche Hinweise auf die psychogene Verursachung geben kurz vorhergegangene belastende Ereignisse oder Probleme.

Ausschluß:

- organischer katatoner Stupor (F06.1)
- nicht näher bezeichneter Stupor (R40.1)
- katatoner Stupor (F20.2)
- depressiver Stupor (F31–F33)
- manischer Stupor (F30.2)

F44.3 Trancezustände und Besessenheitszustände

Bei diesen Störungen tritt ein zeitweiliger Verlust der persönlichen Identität und der vollständigen Wahrnehmung der Umgebung auf. Hier sind nur Trancezustände zu klassifizieren, die unfreiwillig oder ungewollt sind und die außerhalb von religiösen oder kulturell akzeptierten Situationen auftreten.

Ausschluß:

- Zustandsbilder bei
  - vorübergehender, akuter psychotischer Störung (F23.x)
  - organischer Persönlichkeitsstörung (F07.0)
  - organischem Psychosyndrom nach Schädelhirntrauma (F07.2)
  - Intoxikation mit psychotropen Substanzen (F10.0–F19.0)
  - Schizophrenie (F20.x)

F44.4 Dissoziative Bewegungsstörungen

Die häufigsten Formen zeigen den vollständigen oder teilweisen Verlust der Bewegungsfähigkeit eines oder mehrere Körperglieder. Sie haben große Ähnlichkeit mit fast jeder Form von Ataxie, Apraxie, Akinesie, Aphonie, Dysarthrie, Dyskinesie, Anfällen oder Lähmungen.

Dazugehörige Begriffe:

- psychogene Aphonie
- psychogene Dysphonie

F44.5 Dissoziative Krampfanfälle

Dissoziative Krampfanfälle können epileptischen Anfällen bezüglich ihrer Bewegungen sehr stark ähneln. Bei dissoziativen Anfällen sind jedoch Zungenbiß, Verletzungen beim Sturz oder Urininkontinenz selten. Ein Bewußtseinsverlust fehlt, oder es findet sich stattdessen ein stupor- oder tranceähnlicher Zustand.

F44.6 Dissoziative Sensibilitäts- und Empfindungsstörung

Die Grenzen anästhetischer Hautareale entsprechen oft eher den Vorstellungen des Patienten über Körperfunktionen als medizinischen Tatsachen. Es kann auch unterschiedliche Ausfälle der sensorischen Modalitäten geben, die nicht Folge einer neurologischen Läsion sein können. Sensorische Ausfälle können von Klagen über Parästhesien begleitet sein. Vollständige Seh- oder Hörverluste bei dissoziativen Störungen sind selten.

Dazugehöriger Begriff:

– psychogene Taubheit

F44.7 Dissoziative Störungen (Konversionsstörungen), gemischt

Kombinationen der unter F44.0–F44.6 beschriebenen Störungen.

F44.8 Sonstige dissoziative Störungen (Konversionsstörungen)

Dazugehörige Begriffe:

– Ganser-Syndrom
– multiple Persönlichkeit
– psychogene Verwirrtheit
– psychogener Dämmerzustand

F44.82 Vorübergehende dissoziative Störungen (Konversionsstörungen) in der Kindheit und Jugend

F44.9 Nicht näher bezeichnete dissoziative Störung (Konversionsstörung)

F45 Somatoforme Störungen

Das Charakteristikum ist die wiederholte Darbietung körperlicher Symptome in Verbindung mit hartnäckigen Forderungen nach medizinischen Untersuchungen trotz wiederholter negativer Ergebnisse und Versicherung der Ärzte, daß die Symptome nicht körperlich begründbar sind. Wenn somatische Störungen vorhanden sind, erklären sie nicht die Art und das Ausmaß der Symptome, das Leiden und die innerliche Beteiligung des Patienten.

Ausschluß:

– dissoziative Störungen (F44.x)
– sexuelle Funktionsstörungen (F52.x)
– psychologische oder Verhaltensfaktoren bei andernorts klassifizierten Störungen und Erkrankungen (F54)
– Trichotillomanie (F63.3)
– Ausreißen der Haare (F98.4)
– Lallen (F80.0)
– Lispeln (F80.8)

- Ticstörungen im Kindes- und Jugendalter (F95.x)
- Tourette-Syndrom (F95.2)
- Daumenlutschen (F98.8)
- Nägelkauen (F98.8)

F45.0 Somatisierungsstörung

Charakteristisch sind multiple, wiederholt auftretende und häufig wechselnde körperliche Symptome, die wenigstens zwei Jahre bestehen. Die meisten Patienten haben eine lange und komplizierte Patienten-Karriere hinter sich, sowohl in der Primärversorgung als auch in spezialisierten medizinischen Einrichtungen, wo viele negative Untersuchungen und ergebnislose explorative Operationen durchgeführt sein können. Die Symptome können sich auf jeden Körperteil oder jedes System des Körpers beziehen. Der Verlauf der Störung ist chronisch und fluktuierend und häufig mit einer langdauernden Störung des sozialen, interpersonalen und familiären Verhaltens verbunden.

Eine kurzdauernde (weniger als zwei Jahre) und weniger auffallende Symptomatik wird besser unter F45.1 klassifiziert (undifferenzierte Somatisierungsstörung).

Dazugehöriger Begriff:
- multiple psychosomatische Störung

Ausschluß:
- Simulation (Z76.5)

F45.1 Undifferenzierte Somatisierungsstörung

Wenn die körperlichen Beschwerden zahlreich, unterschiedlich und hartnäckig sind, aber das vollständige und typische klinische Bild einer Somatisierungsstörung nicht erfüllt ist, ist diese Kategorie zu erwägen.

Dazugehöriger Begriff:
- undifferenzierte psychosomatische Störung

F45.2 Hypochondrische Störung

Vorherrschendes Kennzeichen ist eine beharrliche Beschäftigung mit der Möglichkeit, an einer oder mehreren schweren und fortschreitenden körperlichen Erkrankungen zu leiden, manifestiert durch anhaltende körperliche Beschwerden oder anhaltende Beschäftigung mit den körperlichen Phänomenen. Normale oder allgemeine Körperwahrnehmungen und Symptome werden von der betreffenden Person oft als abnorm und belastend interpretiert, und die Aufmerksamkeit ist meist auf nur ein oder zwei Organe oder Organsysteme des Körpers fokussiert. Depression und Angst finden sich häufig und können dann zusätzliche Diagnosen rechtfertigen.

Dazugehörige Begriffe:
- körperdysmorphophobe Störung
- Dysmorphophobie (nicht wahnhaft)
- hypochondrische Neurose
- Hypochondrie
- Nosophobie

Ausschluß:
- wahnhafte Dysmorphophobie
- auf die körperlichen Funktionen oder die Körperformen fixierte Wahnphänomene (F22.x)

F45.3 Somatoforme autonome Funktionsstörung

Die Symptome werden vom Patienten so geschildert, als beruhten sie auf der körperlichen Erkrankung eines Systems oder eines Organs, das weitgehend oder vollständig vegetativ innerviert und kontrolliert wird, so etwa des kardiovaskulären, des gastrointestinalen, des respiratorischen oder des urogenitalen Systems. Es finden sich meist zwei Symptomgruppen, die beide nicht auf eine körperliche Erkrankung des betreffenden Organs oder Systems hinweisen. Die erste Gruppe umfaßt Beschwerden, die auf objektivierbaren Symptomen der vegetativen Stimulation beruhen, wie etwa Herzklopfen, Schwitzen, Erröten, Zittern. Sie sind Ausdruck der Furcht vor und der Beeinträchtigung durch eine somatische Störung. Die zweite Gruppe beinhaltet subjektive Beschwerden unspezifischer und wechselnder Natur, wie flüchtige Schmerzen, Brennen, Schwere, Enge und Gefühle, aufgebläht oder auseinandergezogen zu werden, die vom Patienten einem spezifischen Organ oder System zugeordnet werden.

Dazugehörige Begriffe:
- Herzneurose
- Da-Costa Syndrom
- Magenneurose
- neurozirkulatorische Asthenie
- psychogene Formen von
    - Aerophagie
    - Husten
    - Diarrhoe
    - Dyspepsie
    - Dysurie
    - Flatulenz
    - Aufstoßen
    - Hyperventilation
    - Polyurie
    - Colon irritabile

F45.30 Kardiovaskuläres System

Dazugehörige Begriffe:

– Herzneurose
– neurozirkulatorische Asthenie
– Da-Costa-Syndrom

F45.31 Oberer Gastrointestinaltrakt

Dazugehörige Begriffe:

– psychogene Aerophagie
– psychogener Singultus
– Dyspepsie
– Pylorospasmus
– Magenneurose

F45.32 Unterer Gastrointestinaltrakt

Dazugehörige Begriffe:

– psychogene Flatulenz
– psychogenes Colon irritable
– psychogene Diarrhoe

F45.33 Respiratorisches System

Dazugehörige Begriffe:

– psychogene Hyperventilation
– psychogener Husten

F45.34 Urogenitales System

Dazugehörige Begriffe:

– psychogene Pollakisurie
– Dysurie

F45.38 Sonstige Organsysteme

– Pylorospasmen

Ausschluß:

– psychische und Verhaltenseinflüsse bei andernorts klassifizierten körperlichen Erkrankungen (F54)

F45.4   Anhaltende somatoforme Schmerzstörung

Die vorherrschende Beschwerde ist ein andauernder, schwerer und quälender Schmerz, der durch einen physiologischen Prozeß oder eine körperliche Störung nicht vollständig erklärt werden kann. Er tritt in

Verbindung mit emotionalen Konflikten oder psychosozialen Belastungen auf, die schwerwiegend genug sein sollten, um als entscheidende ursächliche Faktoren gelten zu können. Die Folge ist meist eine beträchtlich gesteigerte persönliche oder medizinische Hilfe und Unterstützung. Hier nicht zu berücksichtigen sind Schmerzzustände mit vermutlich psychogenem Ursprung, die im Verlauf depressiver Störungen oder einer Schizophrenie auftreten.

Dazugehörige Begriffe:
- Psychalgie
- psychogener Rückenschmerz
- psychogener Kopfschmerz
- somatoforme Schmerzstörung

Ausschluß:
- nicht näher bezeichneter Rückenschmerz (M54.9)
- nicht näher bezeichneter Schmerz (R52.9)
- akuter Schmerz (R52.0)
- chronischer Schmerz (R52.2)
- therapieresistenter Schmerz (R52.1)
- Spannungskopfschmerz (G44.2)

F45.8 Sonstige somatoforme Störungen

Hier sollten alle anderen Störungen der Wahrnehmung, der Körperfunktion und des Verhaltens klassifiziert werden, die nicht durch das vegetative Nervensystem vermittelt werden, die auf spezifische Teile oder Systeme des Körpers begrenzt sind und mit belastenden Ereignissen oder Problemen eng in Verbindung stehen.

Dazugehörige Begriffe:
- hysterischer Torticollis
- psychogene Dysmenorrhoe
- psychogene Dysphagie, einschließlich "Globus hystericus"
- psychogener Pruritus
- psychogener Torticollis und andere spastische Bewegungsstörungen
- psychogenes Zähneknirschen

Ausschluß:
- Ticstörungen (F95.x)

F45.9 Nicht näher bezeichnete somatoforme Störung

Dazugehöriger Begriff:
- nicht näher bezeichnete psychosomatische Störung

F48 Sonstige neurotische Störungen

F48.0 Neurasthenie

Im Erscheinungsbild zeigen sich große kulturelle Unterschiede. Zwei Hauptformen überschneiden sich beträchtlich. Bei einer Form ist das Hauptcharakteristikum die Klage über vermehrte Müdigkeit nach geistigen Anstrengungen, häufig verbunden mit abnehmender Arbeitsleistung oder Effektivität bei der Bewältigung täglicher Aufgaben. Die geistige Ermüdbarkeit wird typischerweise als unangenehmes Eindringen ablenkender Assoziationen oder Erinnerungen beschrieben, als Konzentrationsschwäche und allgemein ineffektives Denken. Bei der anderen Form liegt das Schwergewicht auf Gefühlen körperlicher Schwäche und Erschöpfung nach nur geringer Anstrengung, begleitet von muskulären und anderen Schmerzen und der Unfähigkeit, sich zu entspannen. Bei beiden Formen finden sich eine ganze Reihe von anderen unangenehmen körperlichen Empfindungen wie Schwindelgefühl, Spannungskopfschmerz und allgemeine Unsicherheit. Sorge über abnehmendes geistiges und körperliches Wohlbefinden, Reizbarkeit, Freudlosigkeit, Depression und Angst sind häufig. Der Schlaf ist oft in der ersten und mittleren Phase gestört, es kann aber auch Hypersomnie im Vordergrund stehen. Für eine vorausgegangene Erkrankung kann eine zusätzliche Kodierung verwendet werden.

Dazugehöriger Begriff:

– Erschöpfungssyndrom

Ausschluß:

– nicht näher bezeichnete Asthenie (R53)
– Burn-out-Syndrom (Z73.0)
– Unwohlsein, Erschöpfung (R53)
– postvirales Erschöpfungssyndrom
– benigne myalgische Enzephalopathie (G93.3)
– Psychasthenie (F48.8)

F48.1 Depersonalisations-/Derealisationssyndrom

Eine seltene Störung, bei der ein Betroffener spontan beklagt, daß seine geistige Aktivität, sein Körper und/oder die Umgebung sich in ihrer Qualität verändert haben, und unwirklich, wie in weiter Ferne oder automatisiert erlebt werden. Klagen über den Verlust von Emotionen, über Entfremdung und Loslösung vom eigenen Denken, vom Körper oder von der umgebenden realen Welt sind die häufigsten Symptome. Trotz der dramatischen Form dieser Erfahrungen ist sich die betreffende Person der Unwirklichkeit dieser Veränderung bewußt. Das Sensorium ist normal, die Möglichkeiten des emotionalen Ausdrucks sind intakt.

Depersonalisations- und Derealisationsphänomene können im Rahmen einer schizophrenen, depressiven, phobischen oder Zwangsstörung auftreten. In solchen Fällen sollte die Diagnose der im Vordergrund stehenden Störung gestellt werden.

F48.8 Sonstige näher bezeichnete neurotische Störungen

Dazugehörige Begriffe:
- Briquet-Syndrom
- Dhat-Syndrom
- Beschäftigungsneurose, einschließlich Schreibkrampf
- Psychasthenia
- psychasthenische Neurose
- psychogene Synkope

F48.9 Nicht näher bezeichnete neurotische Störung

Dazugehöriger Begriff:
- nicht näher bezeichnete Neurose

F5 Verhaltensauffälligkeiten mit körperlichen Störungen und Faktoren

F50 Eßstörungen

Ausschluß:
- nicht näher bezeichnete Anorexie (R63.0)
- Fütterschwierigkeiten und Betreuungsfehler (R63.3)
- Fütterstörung im frühen Kindesalter (F98.2)
- Polyphagie (R63.2)

F50.0 Anorexia nervosa

Die Anorexia ist durch einen absichtlich selbst herbeigeführten und/oder aufrechterhaltenen Gewichtsverlust charakterisiert. Am häufigsten ist die Störung bei heranwachsenden Mädchen und jungen Frauen; heranwachsende Jungen und junge Männer, Kinder vor der Pubertät und Frauen bis zur Menopause können ebenfalls betroffen sein. Die Erkrankung ist mit einer spezifischen Psychopathologie verbunden, wobei die Angst vor einem dicken Körper und einer schlaffen Körperform als eine tiefverwurzelte überwertige Idee besteht und die Betroffenen eine sehr niedrige Gewichtsschwelle für sich selbst festlegen. Es liegt meist Unterernährung unterschiedlichen Schweregrades vor, die sekundär zu endokrinen und metabolischen Veränderungen und zu körperlichen Funktionsstörungen führt. Zu den Symptomen gehören eingeschränkte Nahrungsauswahl, übertriebene körperliche Aktivitäten, selbstinduziertes Erbrechen und Abführen und der Gebrauch von Appetitzüglern und Diuretika.

Für die Diagnose sind alle folgenden Kriterien erforderlich:

1. Tatsächliches Körpergewicht mindestens 15% unter dem erwarteten (entweder durch Gewichtsverlust oder nie erreichtes Gewicht) oder Quetelet-Index* von 17,5 oder weniger. Bei Patienten in der Vorpubertät kann die erwartete Gewichtszunahme während der Wachstumsperiode ausbleiben.
2. Der Gewichtsverlust ist selbst herbeigeführt durch:
   a. Vermeidung von hochkalorischen Speisen
   und eine oder mehrere der folgenden Möglichkeiten:
   b. selbst induziertes Erbrechen;
   c. selbst induziertes Abführen;
   d. übertriebene körperliche Aktivitäten;
   e. Gebrauch von Appetitzüglern und/oder Diuretika.
3. Körperschema-Störung in Form einer spezifischen psychischen Störung: die Angst, zu dick zu werden, besteht als eine tiefverwurzelte überwertige Idee; die Betroffenen legen eine sehr niedrige Gewichtsschwelle für sich selbst fest.
4. Eine endokrine Störung auf der Hypothalamus-Hypophysen-Gonaden-Achse. Sie manifestiert sich bei Frauen als Amenorrhoe und bei Männern als Libido- und Potenzverlust. Eine Ausnahme stellt das Persistieren vaginaler Blutungen bei anorektischen Frauen mit einer Hormonsubstitutionstherapie zur Kontrazeption dar. Erhöhte Wachstumshormon- und Kortisolspiegel, Änderungen des peripheren Metabolismus von Schilddrüsenhormonen und Störungen der Insulinsekretion können gleichfalls vorliegen.
5. Bei Beginn der Erkrankung vor der Pubertät ist die Abfolge der pubertären Entwicklungsschritte verzögert oder gehemmt (Wachstumsstopp; fehlende Brustentwicklung und primäre Amenorrhoe beim Mädchen; bei Knaben bleiben die Genitalien kindlich). Nach Remission wird die Pubertätsentwicklung häufig normal abgeschlossen, die Menarche tritt aber verspätet ein.

Differentialdiagnose:

Es können depressive und Zwangssymptome wie auch Merkmale einer Persönlichkeitsstörung vorkommen. Dann wird die Abgrenzung zu dieser Störung und/oder die Verwendung von mehr als einer diagnostischen Kodierung notwendig. Somatische Ursachen eines Gewichtsverlustes bei jungen Patienten müssen berücksichtigt werden wie z.B chronisch konsumierende Erkrankungen, Hirntumoren, Darmerkrankungen wie Morbus Crohn oder ein Malabsorptionssyndrom.

* Quetelet-Index: $\frac{W}{H^2}$ (W = Körpergewicht in kg; H = Körpergröße in Meter)

Ausschluß:
- nicht näher bezeichnete Anorexie (R63.0)
- Appetitverlust (R63.0)
- psychogener Appetitverlust (F50.8)

F50.1 Atypische Anorexia nervosa

Es handelt sich um Störungen, die einige Kriterien der Anorexia nervosa erfüllen, das gesamte klinische Bild rechtfertigt die Diagnose jedoch nicht. Zum Beispiel können die Schlüsselsymptome wie deutliche Angst vor dem Dicksein oder die Amenorrhoe fehlen, trotz eines erheblichen Gewichtsverlustes und gewichtsreduzierendem Verhalten. Die Diagnose ist bei einer bekannten körperlichen Erkrankung mit Gewichtsverlust nicht zu stellen.

F50.2 Bulimia nervosa

Die Bulimie ist durch wiederholte Anfälle von Heißhunger und eine übertriebene Beschäftigung mit der Kontrolle des Körpergewichts charakterisiert. Dies führt zu einem Verhaltensmuster von Eßanfällen und Erbrechen oder Gebrauch von Abführmitteln. Viele psychische Merkmale dieser Störung ähneln denen der Anorexia nervosa, so die übertriebene Sorge um Körperform und Gewicht. Wiederholtes Erbrechen kann zu Elektrolytstörungen und körperlichen Komplikationen führen. Häufig läßt sich in der Anamnese eine frühere Episode einer Anorexia nervosa mit einem Intervall von einigen Monaten bis zu mehreren Jahren nachweisen.

Für eine endgültige Diagnose sind die folgenden Kriterien erforderlich:

1. Eine andauernde Beschäftigung mit Essen, eine unwiderstehliche Gier nach Nahrungsmitteln; die Patientin hat Eßattacken, bei denen große Mengen Nahrung in sehr kurzer Zeit konsumiert werden.

2. Die Patientin versucht dem dickmachenden Effekt der Nahrung durch verschiedene Verhaltensweisen entgegenzusteuern: selbstinduziertes Erbrechen, Mißbrauch von Abführmitteln, zeitweilige Hungerperioden, Gebrauch von Appetitzüglern, Schilddrüsenpräparaten oder Diuretika. Wenn die Bulimie bei Diabetikerinnen auftritt, kann es zu einer Vernachlässigung der Insulinbehandlung kommen.

3. Die psychopathologische Auffälligkeit besteht in einer krankhaften Furcht davor, dick zu werden; die Patientin setzt sich eine scharf definierte Gewichtsgrenze weit unter dem prämorbiden, vom Arzt als optimal oder "gesund" betrachteten Gewicht.

4. Häufig läßt sich in der Vorgeschichte mit einem Intervall von einigen Monaten bis zu mehreren Jahren eine Episode einer Anorexia nervosa nachweisen. Diese frühere Episode kann voll ausgeprägt gewesen sein oder war eine verdeckte Form mit mäßigem Gewichtsverlust und/oder einer vorübergehenden Amenorrhoe.

Differentialdiagnose:

1. Störungen des oberen Gastrointestinaltraktes mit wiederholtem Erbrechen (charakteristische psychopathologische Auffälligkeiten fehlen).
2. Eine eher allgemeine Störung der Persönlichkeit. Die Eßstörung kann etwa mit Alkoholabhängigkeit und kleineren Vergehen (z.B. Ladendiebstahl) verbunden sein.
3. Depressive Störung (bulimische Patientinnen erleben häufig depressive Symptome).

Dazugehörige Begriffe:
– nicht näher bezeichnete Bulimie
– Hyperorexia nervosa

F50.3 Atypische Bulimia nervosa

Es handelt sich um Störungen, die einige Kriterien der Bulimia nervosa erfüllen, das gesamte klinische Bild rechtfertigt die Diagnose jedoch nicht. Zum Beispiel können wiederholte Eßanfälle und übermäßiger Gebrauch von Abführmitteln auftreten ohne signifikante Gewichtsveränderungen, oder es fehlt die typische übertriebene Sorge um Körperform und Gewicht.

F50.4 Eßattacken bei sonstigen psychischen Störungen

Übermäßiges Essen als Reaktion auf belastende Ereignisse, wie etwa Trauerfälle, Unfälle und Geburt.

Dazugehöriger Begriff:
– psychogene Eßattacken

Ausschluß:
– Übergewicht (E66.x)
– Polyphagie (R63.2)

F50.5 Erbrechen bei sonstigen psychischen Störungen

Wiederholtes Erbrechen bei dissoziativen Störungen (F44.x) und Hypochondrie (F45.2) und Erbrechen, das nicht unter andere Zustandsbilder außerhalb des Kapitels V klassifiziert werden kann. Diese Subkategorie kann zusätzlich zu O21.x (exzessives Erbrechen in der Schwangerschaft) verwendet werden, wenn hauptsächlich emotionale Faktoren wiederholte Übelkeit und Erbrechen verursachen.

Dazugehöriger Begriff:
– psychogenes Erbrechen

Ausschluß:
- Übelkeit (R11)
- nicht näher bezeichnetes Erbrechen (R11)

F50.8 Sonstige Eßstörungen

Dazugehörige Begriffe:
- Pica bei Erwachsenen
- psychogener Appetitverlust

Ausschluß:
- Pica im Kindesalter (F98.3)

F50.9 Nicht näher bezeichnete Eßstörung

F51 Nichtorganische Schlafstörungen

In vielen Fällen ist eine Schlafstörung Symptom einer anderen psychischen oder körperlichen Erkrankung. Ob eine Schlafstörung bei einem bestimmten Patienten ein eigenständiges Krankheitsbild oder einfach Merkmal einer anderen Erkrankung (klassifiziert andernorts in Kapitel V oder in anderen Kapiteln) ist, sollte auf der Basis des klinischen Erscheinungsbildes, des Verlaufs sowie aufgrund therapeutischer Betrachtungen und Prioritäten zum Zeitpunkt der Konsultation entschieden werden. Wenn die Schlafstörung eine der Hauptbeschwerden darstellt und als eigenständiges Zustandsbild aufgefaßt wird, dann soll diese Kodierung gemeinsam mit dazugehörenden Diagnosen verwendet werden, welche die Psychopathologie und Pathophysiologie des gegebenen Falles beschreiben. Diese Kategorie umfaßt nur Schlafstörungen, bei denen emotionale Ursachen als primärer Faktor aufgefaßt werden und die nicht durch andernorts klassifizierte körperliche Störungen verursacht werden.

Ausschluß:
- organische Schlafstörungen (G47.0)

F51.0 Nichtorganische Insomnie

Schlaflosigkeit ist ein Zustandsbild mit einer ungenügenden Dauer und Qualität des Schlafs, die über einen beträchtlichen Zeitraum besteht und Einschlafstörungen, Durchschlafstörungen und frühmorgendliches Erwachen einschließt. Die Schlafstörungen treten wenigstens dreimal pro Woche mindestens 1 Monat lang auf. Insomnie ist ein häufiges Symptom vieler psychischer und somatischer Störungen und soll daher nur zusätzlich klassifiziert werden, wenn sie das klinische Bild beherrscht.

Ausschluß:
- organische Insomnie (G47.0)

F51.1 Nichtorganische Hypersomnie

Hypersomnie ist definiert entweder als Zustand exzessiver Schläfrigkeit während des Tages und Schlafattacken (die nicht durch eine inadäquate Schlafdauer erklärbar sind) oder durch verlängerte Übergangszeiten bis zum Wachzustand nach dem Aufwachen. Bei Fehlen einer organischen Ursache für die Hypersomnie ist dieses Zustandsbild gewöhnlich mit anderen psychischen Störungen verbunden.

Ausschluß:
- organische Hypersomnie (G47.1)
- Narkolepsie (G47.4)

F51.2 Nichtorganische Störung des Schlaf-Wach-Rhythmus

Eine Störung des Schlaf-Wach-Rhythmus ist definiert als Mangel an Synchronizität zwischen dem individuellen Schlaf-Wach-Rhythmus und dem erwünschten Schlaf-Wach-Rhythmus der Umgebung. Dies führt zu Klagen über Schlaflosigkeit und Hypersomnie.

Dazugehörige Begriffe:
- psychogene Umkehr des
    - circadianen Rhythmus
    - nykthemeralen Rhythmus
    - Schlafrhythmus

Ausschluß:
- organische Störungen des Schlaf-Wach-Rhythmus (G47.2)

F51.3 Schlafwandeln (Somnambulismus)

Schlafwandeln oder Somnambulismus ist ein Zustand veränderter Bewußtseinslage, in dem Phänomene von Schlaf und Wachsein kombiniert sind. Während einer schlafwandlerischen Episode verläßt die betreffende Person das Bett, häufig während des ersten Drittels des Nachtschlafs, geht umher, zeigt ein herabgesetztes Bewußtsein, verminderte Reaktivität und Geschicklichkeit. Nach dem Erwachen besteht meist keine Erinnerung an das Schlafwandeln mehr.

F51.4 Pavor nocturnus

Pavor nocturnus ist die extremere Ausdrucksform des nosologischen Kontinuums, das auch Schlafwandeln (F51.3) beinhaltet. Er besteht in nächtlichen Episoden äußerster Furcht und Panik mit heftigem Schreien, Bewegungen und starker autonomer Erregung. Die betroffene Person setzt sich oder steht mit einem Panikschrei auf, gewöhnlich während des ersten Drittels des Nachtschlafes. Häufig stürzt sie zur Tür, wie um zu entfliehen, meist aber ohne den Raum zu verlassen. Nach dem Erwachen fehlt die Erinnerung an das Geschehen oder ist auf ein oder zwei bruchstückhafte bildhafte Vorstellungen begrenzt.

F51.5 Alpträume (Angstträume)

Der Alptraum ist ein Traumerleben voller Angst oder Furcht, mit sehr detaillierter Erinnerung an den Trauminhalt. Dieses Traumerleben ist sehr lebhaft, Themen sind die Bedrohung des Lebens, der Sicherheit oder der Selbstachtung. Oft besteht eine Wiederholung gleicher oder ähnlicher erschreckender Alptraumthemen. Während einer typischen Episode besteht eine autonome Stimulation, aber kein wahrnehmbares Schreien oder Körperbewegungen. Nach dem Aufwachen wird der Patient rasch lebhaft und orientiert.

Dazugehöriger Begriff:
- Angsttraumstörung

F51.8 Sonstige nichtorganische Schlafstörungen

F51.9 Nicht näher bezeichnete nichtorganische Schlafstörung

Dazugehöriger Begriff:
- nicht näher bezeichnete emotionale Schlafstörung

F52 Nichtorganische sexuelle Funktionsstörungen

Sexuelle Funktionsstörungen verhindern die von der betroffenen Person gewünschte sexuelle Beziehung. Die sexuellen Reaktionen sind psychosomatische Prozesse, d.h., bei der Entstehung von sexuellen Funktionsstörungen sind meist psychologische und somatische Prozesse beteiligt.

Ausschluß:
- Dhat-Syndrom (F48.8)

F52.0 Mangel oder Verlust von sexuellem Verlangen

Der Verlust des sexuellen Verlangens ist das Grundproblem und beruht nicht auf anderen sexuellen Störungen wie Erektionsstörungen oder Dyspareunie.

Dazugehörige Begriffe:
- Frigidität
- reduziertes sexuelles Verlangen

F52.1 Sexuelle Aversion und mangelnde sexuelle Befriedigung

Entweder ist der Bereich sexueller Partnerbeziehungen mit so großer Furcht oder Angst verbunden, daß sexuelle Aktivitäten vermieden werden (sexuelle Aversion), oder sexuelle Reaktionen verlaufen normal, und ein Orgasmus wird erlebt, aber ohne die entsprechende Lust daran (Mangel an sexueller Befriedigung).

Dazugehöriger Begriff:
- (sexuelle) Anhedonie

F52.2 Versagen genitaler Reaktionen

Bei Männern: Erektionsstörung. Das Hauptproblem ist die Schwierigkeit, eine für einen befriedigenden Geschlechtsverkehr notwendige Erektion zu erlangen oder aufrecht zu erhalten.
Bei Frauen: Mangelnde oder fehlende vaginale Lubrikation.

Dazugehörige Begriffe:
- sexuelle Erregungsstörung bei Frauen
- männliche Erektionsstörung
- psychogene Impotenz

F52.3 Orgasmusstörung

Der Orgasmus tritt nicht oder nur stark verzögert ein.

Dazugehörige Begriffe:
- gehemmter weiblicher/männlicher Orgasmus
- psychogene Anorgasmie

F52.4 Ejaculatio praecox

Unfähigkeit, die Ejakulation ausreichend zu kontrollieren, damit der Geschlechtsverkehr für beide Partner befriedigend ist.

F52.5 Nichtorganischer Vaginismus

Spasmus der die Vagina umgebenden Beckenbodenmuskulatur, wodurch der Introitus vaginae verschlossen wird. Die Immission des Penis ist unmöglich oder schmerzhaft.

Dazugehöriger Begriff:
- psychogener Vaginismus

Ausschluß:
- organischer Vaginismus (N94.2)

F52.6 Nichtorganische Dyspareunie

Eine Dyspareunie (Schmerzen während des Sexualverkehrs) tritt sowohl bei Frauen als auch bei Männern auf. Sie kann häufig einem lokalen krankhaften Geschehen zugeordnet werden und sollte dann unter der entsprechenden Störung klassifiziert werden. Diese Kategorie sollte nur dann verwendet werden, wenn keine andere primäre nichtorganische Sexualstörung vorliegt (z.B. Vaginismus oder mangelnde/fehlende vaginale Lubrikation).

Dazugehöriger Begriff:
- psychogene Dyspareunie

Ausschluß:
- organische oder nicht näher bezeichnete Dyspareunie (N94.1)

F52.7 Gesteigertes sexuelles Verlangen

Dazugehörige Begriffe:
- Nymphomanie
- Satyriasis

F52.8 Sonstige nichtorganische Funktionsstörung

Dazugehöriger Begriff:
- psychogene Dysmenorrhoe

F52.9 Nicht näher bezeichnete nichtorganische sexuelle Funktionsstörung

F53 Psychische oder Verhaltensstörungen im Wochenbett, nicht andernorts klassifizierbar

Hier sind nur psychische Störungen im Zusammenhang mit dem Wochenbett zu klassifizieren (Beginn innerhalb von sechs Wochen nach der Geburt), die nicht die Kriterien für andernorts im Kapitel V (F) klassifizierte Störungen erfüllen. Hier wird verschlüsselt, entweder weil nur ungenügende Informationen verfügbar sind oder weil man annimmt, daß spezielle zusätzliche klinische Aspekte vorliegen, die ihre Klassifikation an anderer Stelle unangemessen erscheinen lassen.

F53.0 Leichte psychische oder Verhaltensstörungen im Wochenbett, nicht andernorts klassifizierbar

Dazugehöriger Begriff:
- nicht näher bezeichnete postnatale Depression
- nicht näher bezeichnete postpartale Depression

F53.1 Schwere psychische oder Verhaltensstörungen im Wochenbett, nicht andernorts klassifizierbar

Dazugehöriger Begriff:
- nicht näher bezeichnete Puerperalpsychose

F53.8 Sonstige psychische oder Verhaltensstörungen im Wochenbett, nicht andernorts klassifizierbar

F53.9 Nicht näher bezeichnete psychische Störungen im Wochenbett

F54 Psychische Faktoren und Verhaltenseinflüsse bei andernorts klassifizierten Krankheiten

Diese Kategorie sollte verwendet werden, um psychische Faktoren und Verhaltenseinflüsse zu erfassen, die eine wesentliche Rolle in der Ätiologie körperlicher Erkrankungen spielen, die in anderen Kapiteln der ICD-10 klassifiziert werden. Die sich hierbei ergebenden psychischen Störungen sind meist leicht, oft langanhaltend (wie Sorgen, emotionale Konflikte, ängstliche Erwartung u.a.) und rechtfertigen nicht die Zuordnung zu einer der anderen Störungen des Kapitels V.

Dazugehöriger Begriff:
– psychologische Faktoren körperlicher Zustandsbilder

Die assoziierte körperliche Erkrankung kann zusätzlich kodiert werden.

Beispiele für den Gebrauch dieser Kategorie sind:
– Asthma (F54 und J45.x)
– Dermatitis (F54 und L23–L25)
– Magenulkus (F54 und K25.x)
– Colitis ulcerosa (F54 und K51.x)
– Urtikaria (F54 und L50.x)

Ausschluß:
– Spannungskopfschmerz (G44.2)

F55 Mißbrauch von nicht abhängigkeitserzeugenden Substanzen

Eine große Zahl von Medikamenten und Naturheilmitteln können mißbraucht werden. Die wichtigsten Gruppen sind:

1. psychotrope Substanzen, die keine Abhängigkeit hervorrufen, z.B. Antidepressiva,

2. Laxantien,

3. Analgetika, die ohne ärztliche Verordnung erworben werden können, z.B. Aspirin und Paracetamol.

Der anhaltende Gebrauch dieser Substanzen ist oft mit unnötigen Kontakten mit medizinischen und anderen Hilfseinrichtungen verbunden und manchmal von schädlichen körperlichen Auswirkungen der Substanzen begleitet.

Versuche, dem Gebrauch der Substanz entgegenzusteuern oder ihn zu verbieten, stoßen oft auf Widerstand. Bei Laxantien und Analgetika geschieht dies trotz Warnungen vor körperlichen Schäden (oder sogar trotz der Entstehung derselben), wie Nierenfunktions- oder Elektrolytstörungen. Obwohl die betreffende Person ein starkes Verlangen nach der Substanz hat, entwickeln sich keine Abhängigkeit bzw. Entzugssymptome wie bei den unter F10–F19 klassifizierten psychotropen Substanzen.

Dazugehörige Begriffe:
– Mißbrauch von
  – Antazida
  – pflanzlichen oder Naturheilmitteln
  – Steroiden oder Hormonen
  – Vitaminen
– Laxantiengewöhnung

Ausschluß:
– Mißbrauch psychotroper Substanzen (F10–F19)

F59 Nicht näher bezeichnete Verhaltensauffälligkeiten mit körperlichen Störungen und Faktoren

Dazugehöriger Begriff:
– psychogene körperliche Funktionsstörung, nicht näher bezeichnet

F6 Persönlichkeits- und Verhaltensstörungen

**F60–
F62 Spezifische Persönlichkeitsstörungen, kombinierte und sonstige Persönlichkeitsstörungen und anhaltende Persönlichkeitsveränderungen**

Dieser Abschnitt enthält eine Reihe von klinisch wichtigen, meist länger anhaltenden Zustandsbildern und Verhaltensmustern. Sie sind Ausdruck des charakteristischen individuellen Lebensstils, des Verhältnisses zur eigenen Person und zu anderen Menschen. Einige dieser Zustandsbilder und Verhaltensmuster entstehen als Folge konstitutioneller Faktoren und sozialer Erfahrungen schon früh im Verlauf der individuellen Entwicklung, während andere erst später im Leben erworben werden. Die spezifischen Persönlichkeitsstörungen (F60.x), die kombinierten und anderen Persönlichkeitsstörungen (F61.x) und die Persönlichkeitsänderungen (F62.x) sind tief verwurzelte, anhaltende Verhaltensmuster, die sich in starren Reaktionen auf unterschiedliche persönliche und soziale Lebenslagen zeigen. Sie verkörpern gegenüber der Mehrheit der betreffenden Bevölkerung deutliche Abweichungen im Wahrnehmen, Denken, Fühlen und in den Beziehungen zu anderen. Solche Verhaltensmuster sind meistens stabil und beziehen sich auf vielfältige Bereiche des Verhaltens und der psychologischen Funktionen. Häufig gehen sie mit einem unterschiedlichen Ausmaß persönlichen Leidens und gestörter sozialer Funktionsfähigkeit einher.

F60 Spezifische Persönlichkeitsstörungen

Persönlichkeitsstörungen sind schwere Störungen der charakterlichen Konstitution und des Verhaltens der betroffenen Person, die nicht direkt auf eine Hirnschädigung oder -krankheit oder auf eine andere psychiatrische Störung zurückzuführen sind. Sie erfassen verschiedene Persönlichkeitsbereiche und gehen beinahe immer mit persönlichen und sozialen Beeinträchtigungen einher. Persönlichkeitsstörungen treten meist in der Kindheit oder in der Adoleszenz in Erscheinung und bestehen während des Erwachsenenalters weiter.

Sie erfüllen folgende Kriterien:

1. Deutliche Unausgeglichenheit in den Einstellungen und im Verhalten in mehreren Funktionsbereichen wie Affektivität, Antrieb, Impulskontrolle, Wahrnehmen und Denken sowie in den Beziehungen zu anderen.
2. Das abnorme Verhaltensmuster ist andauernd und nicht auf Episoden psychischer Krankheiten begrenzt.
3. Das abnorme Verhaltensmuster ist tiefgreifend und in vielen persönlichen und sozialen Situationen eindeutig unpassend.
4. Die Störungen beginnen immer in der Kindheit oder Jugend und manifestieren sich auf Dauer im Erwachsenenalter.
5. Die Störung führt zu deutlichem subjektivem Leiden, manchmal erst im späteren Verlauf.
6. Die Störung ist meistens mit deutlichen Einschränkungen der beruflichen und sozialen Leistungsfähigkeit verbunden.

In der Regel müssen mindestens drei der jeweils genannten Eigenschaften oder Verhaltensweisen vorliegen.

F60.0 Paranoide Persönlichkeitsstörung

Diese Persönlichkeitsstörung ist durch übertriebene Empfindlichkeit gegenüber Zurückweisung, Nachtragen von Kränkungen, durch Mißtrauen sowie eine Neigung, Erlebtes zu verdrehen, gekennzeichnet, indem neutrale oder freundliche Handlungen anderer als feindlich oder verächtlich mißgedeutet werden, schließlich durch streitsüchtiges und beharrliches Bestehen auf eigenen Rechten. Diese Personen können zu pathologischer Eifersucht, zu überhöhtem Selbstwertgefühl und häufiger, übertriebener Selbstbezogenheit neigen.

Dazugehörige Begriffe:
- expansiv paranoide Persönlichkeit(sstörung)
- querulatorische Persönlichkeit(sstörung)
- fanatische Persönlichkeit(sstörung)
- paranoide Persönlichkeit(sstörung)
- sensitive Persönlichkeit(sstörung)

Ausschluß:
- Paranoia (F22.0)
- Paranoia querulans (F22.8)
- paranoide Psychose (F22.0)
- paranoide Schizophrenie (F20.0)
- paranoider Zustand (F22.0)

F60.1 Schizoide Persönlichkeitsstörung

Eine Persönlichkeitsstörung, die durch einen Rückzug von affektiven, sozialen und anderen Kontakten, mit übermäßiger Vorliebe für Phantasie, einzelgängerisches Verhalten und in sich gekehrte Zurückhaltung gekennzeichnet ist. Es besteht ein Unvermögen, Gefühle auszudrücken und Freude zu erleben. Es fehlt der Wunsch nach engen Freunden oder vertrauensvollen Beziehungen, und es besteht eine deutlich mangelnde Sensibilität im Erkennen und Befolgen gesellschaftlicher Regeln.

Ausschluß:
- Asperger-Syndrom (F84.5)
- wahnhafte Störung (F22.0)
- schizoide Störung des Kindesalters (F84.5)
- Schizophrenie (F20.x)
- schizotype Störung (F21)

F60.2 Dissoziale Persönlichkeitsstörung

Eine Persönlichkeitsstörung, die durch eine Mißachtung sozialer Verpflichtungen, einen Mangel an Gefühlen für andere, ausgeprägte Gewalt oder herzloses Unbeteiligtsein gekennzeichnet ist. Zwischen dem Verhalten und den herrschenden sozialen Normen besteht eine erhebliche Diskrepanz. Das Verhalten erscheint durch Erlebnisse einschließlich Bestrafung nicht änderungsfähig. Es besteht eine geringe Frustrationstoleranz und eine niedrige Schwelle für aggressives, auch gewalttätiges Verhalten, eine Neigung, andere zu beschuldigen oder vordergründige Rationalisierungen für das Verhalten anzubieten, durch das die betreffende Person in einen Konflikt mit der Gesellschaft geraten ist. Es liegt ein Unvermögen zur Beibehaltung längerfristiger Beziehungen vor, aber keine Schwierigkeit, Beziehungen einzugehen.

Dazugehörige Begriffe:
- amoralische Persönlichkeit(sstörung)
- antisoziale Persönlichkeit(sstörung)

- asoziale Persönlichkeit(sstörung)
- psychopathische Persönlichkeit(sstörung)
- soziopathische Persönlichkeit(sstörung)

Ausschluß:

- Störung des Sozialverhaltens (F91.x)
- emotional instabile Persönlichkeitsstörung (F60.3)

F60.3 Emotional instabile Persönlichkeitsstörung

Eine Persönlichkeitsstörung mit deutlicher Tendenz, Impulse ohne Berücksichtigung von Konsequenzen auszuagieren, verbunden mit unvorhersehbarer und launenhafter Stimmung. Es besteht eine Neigung zu emotionalen Ausbrüchen und eine Unfähigkeit, impulshaftes Verhalten zu kontrollieren. Ferner besteht eine Tendenz zu streitsüchtigem Verhalten und zu Konflikten mit anderen, insbesondere wenn impulsive Handlungen durchkreuzt oder behindert werden. Zwei Erscheinungsformen können unterschieden werden: Ein impulsiver Typus, vorwiegend gekennzeichnet durch emotionale Instabilität und mangelnde Impulskontrolle; und ein Borderline-Typus, zusätzlich gekennzeichnet durch Störungen des Selbstbildes, der Ziele und der inneren Präferenzen, durch intensive, aber unbeständige Beziehungen und eine Neigung zu selbstdestruktivem Verhalten mit parasuizidalen Handlungen und Suizidversuchen.

Dazugehörige Begriffe:

- aggressive Persönlichkeit(sstörung)
- Borderline-Persönlichkeit(sstörung)
- explosive Persönlichkeit(sstörung)

Ausschluß:

- dissoziale Persönlichkeitsstörung (F60.2)

F60.4 Histrionische Persönlichkeitsstörung

Eine Persönlichkeitsstörung, die durch oberflächliche und labile Affektivität, Dramatisierung, einen theatralischen, übertriebenen Ausdruck von Gefühlen, durch Suggestibilität, Egozentrik, Genußsucht, Mangel an Rücksichtnahme, erhöhte Kränkbarkeit und ein dauerndes Verlangen nach Anerkennung, äußeren Reizen und Aufmerksamkeit gekennzeichnet ist.

Dazugehörige Begriffe:

- hysterische Persönlichkeit(sstörung)
- infantile Persönlichkeit(sstörung)

F60.5 Anankastische Persönlichkeitsstörung

Eine Persönlichkeitsstörung, die durch Gefühle der persönlichen Unsicherheit und Zweifel gekennzeichnet ist; damit verbunden sind übertriebene Gewissenhaftigkeit, ständige Kontrollen, Halsstarrigkeit, Vorsicht und Starrheit. Es können beharrliche und unerwünschte Gedanken oder Impulse auftreten, die nicht die Schwere einer Zwangsstörung erreichen. Häufig findet man Perfektionismus, gewissenhafte Genauigkeit und ein Bedürfnis zu wiederholtem Überprüfen des Getanen. Ein unbegründetes Bestehen auf der Unterordnung anderer unter eigene Gewohnheiten liegt vor.

Dazugehörige Begriffe:
- Zwangspersönlichkeit
- zwanghafte Persönlichkeit(sstörung)

Ausschluß:
- Zwangsstörung (F42.x)

F60.6 Ängstliche (vermeidende) Persönlichkeitsstörung

Eine Persönlichkeitsstörung, die durch Gefühle von Anspannung und Besorgtheit, Unsicherheit und Minderwertigkeit gekennzeichnet ist. Es besteht eine andauernde Sehnsucht nach Zuneigung und Akzeptiertwerden, eine Überempfindlichkeit gegenüber Zurückweisung und Kritik mit eingeschränkter Beziehungsfähigkeit. Die betreffende Person neigt zur Überbetonung potentieller Gefahren oder Risiken alltäglicher Situationen bis zur Vermeidung bestimmter Aktivitäten.

F60.7 Abhängige Persönlichkeitsstörung

Personen mit dieser Persönlichkeitsstörung verlassen sich bei kleineren oder größeren Lebensentscheidungen passiv auf andere Menschen. Die Störung ist ferner durch große Trennungsangst, Gefühle von Hilflosigkeit und Inkompetenz, durch eine Neigung, sich den Wünschen älterer und anderer unterzuordnen, sowie durch ein Versagen gegenüber den Anforderungen des täglichen Lebens gekennzeichnet. Die Kraftlosigkeit kann sich im intellektuellen oder emotionalen Bereich zeigen; bei Schwierigkeiten besteht die Tendenz, die Verantwortung anderen zuzuschieben.

Dazugehörige Begriffe:
- asthenische Persönlichkeit(sstörung)
- inadäquate Persönlichkeit(sstörung)
- passive Persönlichkeit(sstörung)
- selbstschädigende Persönlichkeit(sstörung)

F60.8 Sonstige spezifische Persönlichkeitsstörungen

Dazugehörige Begriffe:
- exzentrische Persönlichkeit(sstörung)
- haltlose Persönlichkeit
- unreife Persönlichkeit
- narzißtische Persönlichkeit(sstörung)
- passiv-aggressive Persönlichkeit(sstörung)
- (psycho)neurotische Persönlichkeit

F60.9 Nicht näher bezeichnete Persönlichkeitsstörung

Dazugehörige Begriffe:
- nicht näher bezeichnete Charakterneurose
- nicht näher bezeichnete pathologische Persönlichkeit

F61 Kombinierte und sonstige Persönlichkeitsstörungen

Diese Kategorie ist vorgesehen für Persönlichkeitsstörungen, die häufig zu Beeinträchtigungen führen, aber nicht die spezifischen Symptombilder der in F60.x beschriebenen Störungen aufweisen. Daher sind sie häufig schwieriger als die Störungen in F60 zu diagnostizieren.

Beispiele: Kombinierte Persönlichkeitsstörungen mit Merkmalen aus verschiedenen der unter F60 aufgeführten Störungen, jedoch ohne ein vorherrschendes Symptombild, das eine genauere Diagnose ermöglichen würde. Störende Persönlichkeitsänderungen, die nicht in F60 oder F62 einzuordnen sind und Zweitdiagnosen zu einer gleichzeitig bestehenden Affekt- oder Angststörung sind.

Ausschluß:
- akzentuierte Persönlichkeitszüge (Z73.1)

F62 Andauernde Persönlichkeitsänderung, nicht Folge einer Schädigung oder Krankheit des Gehirns

Persönlichkeits- und Verhaltensstörungen ohne vorbestehende Persönlichkeitsstörung nach extremer oder übermäßiger anhaltender Belastung oder schweren psychiatrischen Erkrankungen. Diese Diagnosen sollten nur dann gestellt werden, wenn Hinweise auf eine eindeutige und andauernde Veränderung in der Wahrnehmung sowie im Verhalten und Denken bezüglich der Umwelt und der eigenen Person vorliegen. Die Persönlichkeitsänderung sollte deutlich ausgeprägt sein und mit einem unflexiblen und fehlangepaßten Verhalten verbunden sein, das vor der pathogenen Erfahrung nicht bestanden hat. Die Änderung sollte nicht Ausdruck einer anderen psychischen Störung oder Residualsymptom einer vorangegangenen psychischen Störung sein.

Ausschluß:
- Persönlichkeitsstörungen als Folge einer Schädigung oder Erkrankung des Gehirns (F07.x)

F62.0 Andauernde Persönlichkeitsänderung nach Extrembelastung

Eine andauernde, wenigstens über zwei Jahre bestehende Persönlichkeitsänderung kann einer Belastung katastrophalen Ausmaßes folgen. Die Belastung muß so extrem sein, daß die Vulnerabilität der betreffenden Person als Erklärung für die tiefgreifende Auswirkung auf die Persönlichkeit nicht in Erwägung gezogen werden muß. Die Störung ist durch eine feindliche oder mißtrauische Haltung gegenüber der Welt, durch sozialen Rückzug, Gefühle der Leere oder Hoffnungslosigkeit, ein chronisches Gefühl der Anspannung wie bei ständigem Bedrohtsein und Entfremdungsgefühl gekennzeichnet. Eine posttraumatische Belastungsstörung (F43.1) kann dieser Form der Persönlichkeitsänderung vorausgegangen sein.

Dazugehörige Begriffe:
- Persönlichkeitsänderungen nach
  - Konzentrationslagererfahrungen
  - Katastrophen
  - andauernder Gefangenschaft mit unmittelbarer Todesgefahr
  - andauerndem Ausgesetztsein lebensbedrohlicher Situationen, etwa als Opfer von Terrorismus
  - Folter

Ausschluß:
- posttraumatische Belastungsstörung (F43.1)

F62.1 Andauernde Persönlichkeitsänderung nach psychischer Erkrankung

Eine auf der traumatischen Erfahrung einer schweren psychiatrischen Erkrankung beruhende, wenigstens über zwei Jahre bestehende Persönlichkeitsänderung. Die Änderung kann nicht durch eine vorbestehende Persönlichkeitsstörung erklärt werden und sollte vom Residualzustand einer Schizophrenie und anderen Zustandsbildern unvollständiger Rückbildung einer vorausgegangenen psychischen Störung unterschieden werden.

Die Störung ist gekennzeichnet durch eine hochgradige Abhängigkeit sowie Anspruchs- und Erwartungshaltung gegenüber anderen, eine Überzeugung, durch die Krankheit verändert oder stigmatisiert worden zu sein. Dies führt zu einer Unfähigkeit, enge und vertrauensvolle persönliche Beziehungen aufzunehmen und beizubehalten, sowie zu sozialer Isolation. Ferner finden sich Passivität, verminderte Interessen und

Vernachlässigung früherer Freizeitbeschäftigungen, ständige Beschwerden über das Kranksein, oft verbunden mit hypochondrischen Klagen und kränkelndem Verhalten, dysphorische oder labile Stimmung, die nicht auf dem Vorliegen einer gegenwärtigen psychischen Störung oder einer vorausgegangenen psychischen Störung mit affektiven Residualsymptomen beruht. Schließlich besteht eine deutliche Störung der sozialen und beruflichen Funktionsfähigkeit.

F62.8 Sonstige andauernde Persönlichkeitsänderungen

Dazugehöriger Begriff:
– Persönlichkeitsänderung bei chronischem Schmerzsyndrom

F62.9 Nicht näher bezeichnete andauernde Persönlichkeitsänderung

F63 Abnorme Gewohnheiten und Störungen der Impulskontrolle

In dieser Kategorie sind verschiedene, nicht an anderer Stelle klassifizierbare Verhaltensstörungen zusammengefaßt. Sie sind durch wiederholte Handlungen ohne vernünftige Motivation gekennzeichnet, die nicht kontrolliert werden können und die meist die Interessen der betroffenen Person oder anderer Menschen schädigen. Die betroffene Person berichtet von impulshaftem Verhalten. Die Ursachen dieser Störungen sind unklar, sie sind wegen deskriptiver Ähnlichkeiten hier gemeinsam aufgeführt, nicht weil sie andere wichtige Merkmale teilen.

Ausschluß:
– gewohnheitsmäßiger exzessiver Gebrauch von Alkohol
  oder psychotropen Substanzen (F10–F19)
– abnorme Gewohnheiten und Störungen der Impulskontrolle,
  die das sexuelle Verhalten betreffen (F65.x)

F63.0 Pathologisches Glücksspiel

Die Störung besteht in häufigem und wiederholtem episodenhaftem Glücksspiel, das die Lebensführung der betroffenen Person beherrscht und zum Verfall der sozialen, beruflichen, materiellen und familiären Werte und Verpflichtungen führt.

Die Betroffenen setzen ihren Beruf und ihre Anstellung aufs Spiel, machen hohe Schulden und lügen oder handeln ungesetzlich, um an Geld zu kommen oder die Bezahlung von Schulden zu umgehen. Es wird ein intensiver, kaum kontrollierbarer Spieldrang beschrieben. Daneben steht die gedankliche und bildliche Vorstellung des Spielvorganges und seiner Begleitumstände im Vordergrund. Die gedankliche Beschäftigung und die Drangzustände verstärken sich häufig in belastenden Lebenssituationen.

Dazugehöriger Begriff:
- zwanghaftes Spielen

Ausschluß:
- exzessives Spielen manischer Patienten (F30.x)
- nicht näher bezeichnetes Spielen und Wetten (Z72.6)
- Spielen bei dissozialer Persönlichkeitsstörung (F60.2)

F63.1 Pathologische Brandstiftung (Pyromanie)

Dieses Verhalten ist durch häufige tatsächliche oder versuchte Brandstiftung an Gebäuden oder anderem Eigentum ohne verständliches Motiv und durch eine anhaltende Beschäftigung der betroffenen Person mit Feuer und Brand charakterisiert. Das Verhalten ist häufig mit wachsender innerer Spannung vor der Handlung und starker Erregung sofort nach ihrer Ausführung verbunden.

Ausschluß:
- Brandstiftung
  - durch Erwachsene mit dissozialer Persönlichkeitsstörung (F60.2)
  - bei Intoxikation mit Alkohol oder psychotropen Substanzen (F10.0–F19.0)
  - als Grund zur Beobachtung wegen des Verdachtes einer psychischen Störung (Z03.2)
  - bei Störungen des Sozialverhaltens (F91.x)
  - bei organischen psychiatrischen Störungen (F00–F09)
  - bei Schizophrenie (F20.x)

F63.2 Pathologisches Stehlen (Kleptomanie)

Bei dieser Störung kann die betroffene Person wiederholt Impulsen nicht widerstehen, Dinge zu stehlen, die nicht dem persönlichen Gebrauch oder der Bereicherung dienen. Stattdessen werden die Gegenstände weggeworfen, weggegeben oder gehortet. Dieses Verhalten ist meist mit wachsender innerer Spannung vor der Handlung und einem Gefühl von Befriedigung während und sofort nach der Tat verbunden.

Ausschluß:
- Stehlen bei depressiver Störung (F31–F33)
- organische psychische Störungen (F00–F09)
- Ladendiebstahl als Grund zur Beobachtung wegen des Verdachtes einer psychischen Störung (Z03.2)

F63.3 Trichotillomanie

Bei dieser Störung kommt es nach immer wieder mißlungenem Versuch, sich gegen Impulse zum Ausreißen der Haare zu wehren, zu einem beachtlichen Haarverlust. Das Ausreißen der Haare ist häufig mit dem Gefühl wachsender Spannung verbunden und einem anschließenden Gefühl von Erleichterung und Befriedigung. Diese Diagnose soll nicht gestellt werden, wenn zuvor eine Hautentzündung bestand oder wenn das Ausreißen der Haare eine Reaktion auf ein Wahnphänomen oder eine Halluzination ist.

Ausschluß:
– stereotype Bewegungsstörung mit Haarezupfen (F98.4)

F63.8 Sonstige abnorme Gewohnheiten und Störungen der Impulskontrolle

In diese Kategorie fallen andere Arten sich dauernd wiederholenden unangepaßten Verhaltens, die nicht Folge eines erkennbaren psychiatrischen Syndroms sind und bei denen die betroffene Person den Impulsen, das pathologische Verhalten auszuführen, nicht widerstehen kann. Nach einer vorausgehenden Periode mit Anspannung folgt während des Handlungsablaufs ein Gefühl der Erleichterung.

Dazugehöriger Begriff:
– Störung mit intermittierend auftretender Reizbarkeit

F63.9 Nicht näher bezeichnete abnorme Gewohnheiten und Störungen der Impulskontrolle

F64 Störungen der Geschlechtsidentität

F64.0 Transsexualismus

Es besteht der Wunsch, als Angehöriger des anderen Geschlechtes zu leben und anerkannt zu werden. Dies geht meist mit Unbehagen oder dem Gefühl der Nichtzugehörigkeit zum eigenen anatomischen Geschlecht einher. Es besteht der Wunsch nach chirurgischer und hormoneller Behandlung, um den eigenen Körper dem bevorzugten Geschlecht soweit wie möglich anzugleichen. Die transsexuelle Identität muß mindestens 2 Jahre durchgehend bestanden haben.

F64.1 Transvestitismus unter Beibehaltung beider Geschlechtsrollen

Tragen gegengeschlechtlicher Kleidung, um die zeitweilige Erfahrung der Zugehörigkeit zum anderen Geschlecht zu erleben. Der Wunsch nach dauerhafter Geschlechtsumwandlung oder chirurgischer Korrektur besteht nicht; der Kleiderwechsel ist nicht von sexueller Erregung begleitet.

Dazugehöriger Begriff:
- Geschlechtsidentitätsstörung im Jugend- oder Erwachsenenalter, nichttranssexueller Typ

Ausschluß:
- fetischistischer Transvestitismus (F65.1)

F64.2 Störung der Geschlechtsidentität des Kindesalters

Diese Störung zeigt sich während der frühen Kindheit, immer lange vor der Pubertät. Sie ist durch ein anhaltendes und starkes Unbehagen über das zugefallene Geschlecht gekennzeichnet, zusammen mit dem Wunsch oder der ständigen Beteuerung, zum anderen Geschlecht zu gehören. Es besteht eine andauernde Beschäftigung mit der Kleidung oder den Aktivitäten des anderen Geschlechtes und eine Ablehnung des eigenen Geschlechtes. Die Diagnose erfordert eine tiefgreifende Störung der normalen Geschlechtsidentität; eine bloße Knabenhaftigkeit bei Mädchen und ein mädchenhaftes Verhalten bei Jungen sind nicht ausreichend.

Geschlechtsidentitätsstörungen bei Personen, welche die Pubertät erreicht haben oder gerade erreichen, sind nicht hier, sondern unter F66 zu klassifizieren.

Ausschluß:
- ichdystone Sexualorientierung (F66.1)
- sexuelle Reifungskrise (F66.0)

F64.8 Sonstige Störungen der Geschlechtsidentität

F64.9 Nicht näher bezeichnete Störung der Geschlechtsidentität

Dazugehöriger Begriff:
- nicht näher bezeichnete Störung der Geschlechtsrolle

F65 Störungen der Sexualpräferenz

Dazugehöriger Begriff:
- Paraphilie

F65.0 Fetischismus

Gebrauch toter Objekte als Stimuli für die sexuelle Erregung und Befriedigung. Viele Fetische stellen eine Erweiterung des menschlichen Körpers dar, z.B. Kleidungsstücke oder Schuhwerk. Andere gebräuchliche Beispiele sind Gegenstände aus Gummi, Plastik oder Leder. Die Fetischobjekte haben individuell wechselnde Bedeutung. In einigen Fällen dienen sie lediglich der Verstärkung der auf üblichem Wege erreichten sexuellen Erregung (z.B., wenn der Partner ein bestimmtes Kleidungsstück tragen soll).

F65.1 Fetischistischer Transvestitismus

Zur Erreichung sexueller Erregung wird Kleidung des anderen Geschlechts getragen; damit wird der Anschein erweckt, daß es sich um eine Person des anderen Geschlechts handelt. Fetischistischer Transvestismus unterscheidet sich vom transsexuellen Transvestitismus durch die deutliche Koppelung an sexuelle Erregung und das starke Verlangen, die Kleidung nach dem eingetretenen Orgasmus und dem Nachlassen der sexuellen Erregung abzulegen. Er kann als eine frühere Phase in der Entwicklung eines Transsexualismus auftreten.

Dazugehöriger Begriff:
– transvestitischer Fetischismus

F65.2 Exhibitionismus

Die wiederkehrende oder anhaltende Neigung, die eigenen Genitalien vor meist gegengeschlechtlichen Fremden in der Öffentlichkeit zu entblößen, ohne zu einem näheren Kontakt aufzufordern oder diesen zu wünschen. Meist wird das Zeigen von sexueller Erregung begleitet, und im allgemeinen kommt es zu nachfolgender Masturbation.

F65.3 Voyeurismus

Wiederkehrender oder anhaltender Drang, anderen Menschen bei sexuellen Aktivitäten oder intimen Tätigkeiten, z.B. Entkleiden, zuzusehen. Dabei ist sich die beobachtete Person des Vorganges nicht bewußt; zumeist führt dies beim Beobachtenden zu sexueller Erregung und Masturbation.

F65.4 Pädophilie

Sexuelle Präferenz für Kinder, Jungen oder Mädchen oder Kinder beiderlei Geschlechts, die sich meist in der Vorpubertät oder in einem frühen Stadium der Pubertät befinden.

F65.5 Sadomasochismus

Es werden sexuelle Aktivitäten mit Zufügung von Schmerzen, Erniedrigung oder Fesseln bevorzugt. Wenn die betroffene Person diese Art der Stimulation erleidet, handelt es sich um Masochismus; wenn sie sie jemand anderem zufügt, um Sadismus. Oft empfindet die betroffene Person sowohl bei masochistischen als auch bei sadistischen Aktivitäten sexuelle Erregung.

Dazugehörige Begriffe:
– Masochismus
– Sadismus

F65.6 Multiple Störungen der Sexualpräferenz

In manchen Fällen bestehen bei einer Person mehrere abnorme sexuelle Präferenzen, ohne daß eine im Vordergrund steht. Die häufigste Kombination ist Fetischismus, Transvestitismus und Sadomasochismus.

F65.8 Sonstige Störungen der Sexualpräferenz

Hier sind eine Vielzahl anderer sexueller Präferenzen und Aktivitäten zu klassifizieren, wie obszöne Telefonanrufe, Pressen des eigenen Körpers an andere Menschen zur sexuellen Stimulation in Menschenansammlungen, sexuelle Handlungen an Tieren, Strangulieren und Nutzung der Anoxie zur Steigerung der sexuellen Erregung.

Dazugehörige Begriffe:
- Frotteurismus
- Nekrophilie
- Sodomie

F65.9 Nicht näher bezeichnete Störung der Sexualpräferenz

Dazugehöriger Begriff:
- nicht näher bezeichnete sexuelle Deviation

F66 Psychische und Verhaltensstörungen in Verbindung mit der sexuellen Entwicklung und Orientierung

Anmerkung: Die Richtung der sexuellen Orientierung selbst ist nicht als Störung anzusehen.

F66.0 Sexuelle Reifungskrise

Die betroffene Person leidet unter einer Unsicherheit hinsichtlich ihrer Geschlechtsidentität oder sexuellen Orientierung, mit Ängsten oder Depressionen. Meist kommt dies bei Heranwachsenden vor, die sich hinsichtlich ihrer homo-, hetero- oder bisexuellen Orientierung nicht sicher sind; oder bei Menschen, die nach einer Zeit scheinbar stabiler sexueller Orientierung, oftmals in einer lange dauernden Beziehung, die Erfahrung machen, daß sich ihre sexuelle Orientierung ändert.

F66.1 Ich-dystone Sexualorientierung

Die Geschlechtsidentität oder sexuelle Ausrichtung (heterosexuell, homosexuell, bisexuell, präpubertär oder unbestimmt) ist eindeutig, aber die betroffene Person hat den Wunsch, daß diese wegen begleitender psychischer oder Verhaltensstörungen anders wäre, und unterzieht sich möglicherweise einer Behandlung, um diese zu ändern.

F66.2 Sexuelle Beziehungsstörung

Die Geschlechtsidentität oder sexuelle Orientierung (heterosexuell, homosexuell oder bisexuell) bereitet bei der Aufnahme oder Aufrechterhaltung einer Beziehung mit einem Sexualpartner Probleme.

F66.8 Sonstige psychosexuelle Entwicklungsstörungen

F66.9 Nicht näher bezeichnete psychosexuelle Entwicklungsstörung

F68 Sonstige Persönlichkeits- und Verhaltensstörungen

F68.0 Entwicklung körperlicher Symptome aus psychischen Gründen

Körperliche Symptome, vereinbar mit und ursprünglich verursacht durch eine belegbare körperliche Störung, Erkrankung oder Behinderung, werden wegen des psychischen Zustandes der betroffenen Person aggraviert oder halten länger an. Die betroffene Person ist meist durch die körperlich verursachten Schmerzen oder die Behinderung beeinträchtigt; sie wird beherrscht von mitunter berechtigten Sorgen über längerdauernde oder zunehmende Behinderung oder Schmerzen.

Dazugehöriger Begriff:

– Rentenneurose

F68.1 Artifizielle Störung (absichtliches Erzeugen oder Vortäuschen von körperlichen oder psychischen Symptomen oder Behinderungen)

Die betroffene Person täuscht Symptome wiederholt ohne einleuchtenden Grund vor und kann sich sogar, um Symptome oder klinische Zeichen hervorzurufen, absichtlich selbst beschädigen. Die Motivation ist unklar, vermutlich besteht das Ziel, die Krankenrolle einzunehmen. Die Störung ist oft mit deutlichen Persönlichkeits- und Beziehungsstörungen kombiniert.

Dazugehörige Begriffe:

– "factitious disorder"
– "Hospital hopper"-Syndrom (Krankenhauswanderer)
– (durch Institutionen) "wandernder Patient"
– Münchhausen-Syndrom

Ausschluß:

– Dermatitis factitia (L98.1)
– Vortäuschung von Krankheit mit offensichtlicher Motivation (Z76.5)

F68.8 Sonstige näher bezeichnete Persönlichkeits- und Verhaltensstörungen

Dazugehörige Begriffe:
– nicht näher bezeichnete Charakterstörung
– nicht näher bezeichnete Beziehungsstörung

F69 Nicht näher bezeichnete Persönlichkeits- und Verhaltensstörungen

F84 Tiefgreifende Entwicklungsstörungen

Diese Gruppe von Störungen ist gekennzeichnet durch qualitative Beeinträchtigungen in den wechselseitigen sozialen Interaktionen und Kommunikationsmustern und durch ein eingeschränktes, stereotypes, sich wiederholendes Repertoire von Interessen und Aktivitäten. Diese qualitativen Auffälligkeiten sind in allen Situationen ein grundlegendes Funktionsmerkmal des betroffenen Kindes.

Eine zusätzliche Kodierung kann zur Kennzeichnung aller begleitenden somatischen Zustandsbilder und einer Intelligenzminderung verwendet werden.

F84.0 Frühkindlicher Autismus

Diese Form der tiefgreifenden Entwicklungsstörung ist durch eine abnorme oder beeinträchtigte Entwicklung definiert, die sich vor dem dritten Lebensjahr manifestiert. Sie ist außerdem gekennzeichnet durch ein charakteristisches Muster abnormer Funktionen in den folgenden psychopathologischen Bereichen: in der sozialen Interaktion, der Kommunikation und im eingeschränkten, stereotyp repetitiven Verhalten. Neben diesen spezifischen diagnostischen Merkmalen zeigen sich häufig eine Vielzahl unspezifischer Probleme, wie Phobien, Schlaf- und Eßstörungen, Wutausbrüche und (autodestruktive) Aggression.

Diagnostische Leitlinien:

In der Regel gibt es keine vorangehende Periode einer eindeutig unauffälligen Entwicklung; wenn es doch eine solche gibt, dann nicht über das dritte Lebensjahr hinaus. In jedem Fall finden sich qualitative Beeinträchtigungen in den sozialen Interaktionen. Sie zeigen sich in Form einer unangemessenen Einschätzung sozialer und emotionaler Signale, wie z.B. im Fehlen von Reaktionen auf Emotionen anderer Menschen oder einer fehlenden Verhaltensmodulation im sozialen Kontext. Es besteht ein geringer Gebrauch sozialer Signale und eine mangelhafte Integration sozialer, emotionaler und kommunikativer Verhaltensweisen; und besonders fehlen die soziale und emotionale Gegenseitigkeit. Ebenso sind qualitative Beeinträchtigungen der Kommunikation allgemein anzutreffen. Diese zeigen sich im Fehlen eines sozialen Gebrauchs vorhandener sprachlicher Fertigkeiten, wie immer diese entwickelt sein mögen. Es bestehen Beeinträchtigungen im "So tun als ob"- und sozial imitierendem Spiel; eine mangelhafte Synchronie und Fehlen von Gegenseitigkeit im Gesprächsaustausch; geringe Flexibilität im Sprachausdruck und ein relativer Mangel an Kreativität und Phantasie im Denkprozeß; ein Mangel emotionaler Resonanz auf verbale und nonverbale Annäherungen anderer Menschen; ein beeinträchtigter Gebrauch von Veränderungen der Sprachmelodie durch Stimmsenkung und -hebung, die die kommunikative Modulation widerspiegeln; ebenso ein Mangel an Begleitgestik, welche die sprachliche Kommunikation betont oder ihren Sinn unterstreicht. Die Störung ist außerdem charakterisiert durch eingeschränkte, sich wiederholende und stereotype Verhaltensmuster, Interessen und Aktivitäten. Dies zeigt sich in einer Tendenz, große Teile alltäglicher Aufgaben starr und routiniert auszuführen. Dies gilt meist für neue Beschäftigungen ebenso wie für vertraute Gewohnheiten und Spielmuster. Besonders in der frühen Kindheit kann eine spezifische Bindung an ungewöhnliche, typischerweise nicht weiche Objekte vorhanden sein. Die Kinder können darauf bestehen, bestimmte Handlungsroutinen in bedeutungslosen Ritualen auszuführen. Das kann eine stereotype Beschäftigung mit Daten, Fahrtrouten oder Fahrplänen sein. Motorische Stereotypien sind häufig, ebenso ein spezifisches Interesse an unwichtigen Teilaspekten von Objekten (beispielsweise, wie sie riechen oder sich anfühlen). Auch kann Widerstand gegenüber Veränderungen von Handlungsroutinen oder von Details der persönlichen Umgebung (wie etwa Veränderungen der Einrichtung oder der Möbel in der Wohnung) vorhanden sein.

Neben diesen spezifischen diagnostischen Merkmalen zeigen Kinder mit Autismus oft auch eine Reihe anderer, unspezifischer Probleme wie Befürchtungen, Phobien, Schlaf- und Eßstörungen, Wutausbrüche und Aggressionen. Selbstverletzung (wie das Beißen in den Handrücken) ist häufig, besonders wenn zusätzliche schwere Intelligenzminderung vorliegt. Die meisten Patienten mit Autismus lassen Spontaneität, Initiative und Kreativität in der Organisation ihrer Freizeit vermissen und haben Schwierigkeiten, bei der Arbeit Konzepte zur Entscheidungsfindung anzuwenden (auch wenn die Aufgaben an sich von ihnen zu bewältigen sind). Die spezifische Manifestation der für den Autismus charakteristischen Defizite ändert sich mit zunehmendem Alter, jedoch bleiben die Defizite im Erwachsenenalter mit weitgehend ähnlichen Problemen in der Sozialisation, der Kommunikation und der Interessen bestehen. Um die Diagnose stellen zu können, müssen Entwicklungsauffälligkeiten in den ersten drei Jahren vorhanden gewesen sein, das Syndrom kann aber in allen Altersgruppen diagnostiziert werden.

Bei einem Autismus kann jedes Intelligenzniveau vorkommen, jedoch besteht in etwa drei Viertel der Fälle eine deutliche Intelligenzminderung.

Dazugehörige Begriffe:
- autistische Störung
- kindlicher Autismus
- frühkindliche Psychose
- Kanner-Syndrom

Ausschluß:
- autistische Psychopathie (F84.5)

F84.1 Atypischer Autismus

Diese Form der tiefgreifenden Entwicklungsstörung unterscheidet sich vom frühkindlichen Autismus entweder durch das Alter bei Krankheitsbeginn oder dadurch, daß die diagnostischen Kriterien nicht in allen genannten Bereichen erfüllt werden. Diese Subkategorie sollte immer dann verwendet werden, wenn die abnorme oder beeinträchtigte Entwicklung erst nach dem dritten Lebensjahr manifest wird und wenn nicht in allen für die Diagnose Autismus geforderten psychopathologischen Bereichen (nämlich wechselseitige soziale Interaktionen, Kommunikation und eingeschränktes, stereotyp repetitives Verhalten) Auffälligkeiten nachweisbar sind, auch wenn charakteristische Abweichungen auf anderen Gebieten vorliegen. Atypischer Autismus tritt sehr häufig bei schwer retardierten bzw. unter einer schweren rezeptiven Störung der Sprachentwicklung leidenden Patienten auf.

Dazugehörige Begriffe:
- atypische frühkindliche Psychose
- Intelligenzminderung mit autistischen Zügen

Für eine Intelligenzminderung kann eine zusätzliche Kodierung (F70–79) verwendet werden.

F84.2 Rett-Syndrom

Dieses Zustandsbild wurde bisher ganz überwiegend bei Mädchen beschrieben; nach einer scheinbar normalen frühen Entwicklung erfolgt ein teilweiser oder vollständiger Verlust der Sprache, der lokomotorischen Fähigkeiten und der Gebrauchsfähigkeiten der Hände gemeinsam mit einer Verlangsamung des Kopfwachstums. Der Beginn dieser Störung liegt zwischen dem 7. und 24. Lebensmonat. Der Verlust zielgerichteter Handbewegungen, Stereotypien in Form von Drehbewegungen der Hände und Hyperventilation sind charakteristisch. Sozial- und Spielentwicklung sind gehemmt, das soziale Interesse bleibt jedoch erhalten. Im 4. Lebensjahr beginnt sich eine Rumpfataxie und Apraxie zu entwickeln, choreo-athetoide Bewegungen folgen häufig. Es resultiert fast immer eine schwere Intelligenzminderung.

F84.3 Sonstige desintegrative Störung des Kindesalters

Diese Form einer tiefgreifenden Entwicklungsstörung ist – anders als das Rett-Syndrom – durch eine Periode einer zweifellos normalen Entwicklung vor dem Beginn der Erkrankung bis zum Alter von mindestens 2 Jahren definiert. Es folgt ein Verlust vorher erworbener Fertigkeiten verschiedener Entwicklungsbereiche innerhalb weniger Monate. Typischerweise wird die Störung von einem allgemeinen Interessenverlust an der Umwelt, von stereotypen, sich wiederholenden motorischen Manierismen und einer autismusähnlichen Beeinträchtigung sozialer Interaktionen und der Kommunikation begleitet. In einigen Fällen kann die Störung einer begleitenden Enzephalopathie zugeschrieben werden, die Diagnose ist jedoch anhand der Verhaltensmerkmale zu stellen.

Gegebenenfalls ist die begleitende neurologische Erkrankung getrennt zu kodieren.

Dazugehörige Begriffe:
- Dementia infantilis
- desintegrative Psychose
- Heller-Syndrom
- symbiotische Psychose

Ausschluß:
- Rett-Syndrom (F84.2)

F84.4 Überaktive Störung mit Intelligenzminderung und Bewegungsstereotypien

Dies ist eine schlecht definierte Störung von unsicherer nosologischer Validität. Diese Kategorie wurde für eine Gruppe von Kindern mit schwerer Intelligenzminderung (IQ unter 50) eingeführt, mit erheblicher Hyperaktivität, Aufmerksamkeitsstörungen und stereotypen Verhaltensweisen. Sie haben meist keinen Nutzen von Stimulantien (anders als Kinder mit einem IQ im Normbereich) und können auf eine Verabreichung von Stimulantien eine schwere dysphorische Reaktion – manchmal mit psychomotorischer Entwicklungsverzögerung – zeigen. In der Adoleszenz kann sich die Hyperaktivität in eine verminderte Aktivität wandeln, ein Muster, das bei hyperkinetischen Kindern mit normaler Intelligenz nicht üblich ist. Das Syndrom wird häufig von einer Vielzahl von umschriebenen oder globalen Entwicklungsverzögerungen begleitet. Es ist nicht bekannt, in welchem Umfang das Verhaltensmuster dem niedrigen IQ oder einer organischen Hirnschädigung zuzuschreiben ist.

F84.5 Asperger-Syndrom

Diese Störung von unsicherer nosologischer Validität ist durch dieselbe Form qualitativer Beeinträchtigung der wechselseitigen sozialen Interaktionen wie für den Autismus typisch charakterisiert, zusammen mit einem eingeschränkten, stereotypen, sich wiederholenden Repertoire von Interessen und Aktivitäten. Die Störung unterscheidet sich vom Autismus in erster Linie durch fehlende allgemeine Entwicklungsverzögerung bzw. den fehlenden Entwicklungsrückstand der Sprache und der kognitiven Entwicklung. Die Störung geht häufig mit einer auffallenden Ungeschicklichkeit einher. Die Abweichungen tendieren stark dazu, bis in die Adoleszenz und das Erwachsenenalter zu persistieren. Gelegentlich treten psychotische Episoden im frühen Erwachsenenleben auf.

Dazugehörige Begriffe:
- autistische Psychopathie
- schizoide Störung des Kindesalters

F84.8 Sonstige tiefgreifende Entwicklungsstörungen

F84.9 Nicht näher bezeichnete tiefgreifende Entwicklungsstörung

F9 Verhaltens- und emotionale Störungen mit Beginn in der Kindheit und Jugend

F90 Hyperkinetische Störungen

Diese Gruppe von Störungen ist charakterisiert durch einen frühen Beginn (sie sollen vor dem 6. Lebensjahr begonnen haben), einen Mangel an Ausdauer bei Beschäftigungen, die kognitiven Einsatz verlangen, und eine Tendenz, von einer Tätigkeit zu einer anderen zu wechseln, ohne etwas zu Ende zu bringen; hinzu kommt eine desorganisierte, mangelhaft regulierte und überschießende Aktivität. Verschiedene andere Auffälligkeiten können zusätzlich vorliegen. Hyperkinetische Kinder sind oft achtlos und impulsiv, neigen zu Unfällen und werden oft bestraft, weil sie, eher aus Unachtsamkeit als vorsätzlich, Regeln verletzen. Ihre Beziehung zu Erwachsenen ist oft von einer Distanzstörung und einem Mangel an normaler Vorsicht und Zurückhaltung geprägt. Bei anderen Kindern sind sie unbeliebt und können isoliert sein. Kognitive Beeinträchtigung ist häufig, spezifische Verzögerungen der motorischen und sprachlichen Entwicklung kommen überproportional oft vor. Sekundäre Komplikationen sind dissoziales Verhalten und niedriges Selbstwertgefühl.

Die Kardinalsymptome sind beeinträchtigte Aufmerksamkeit und Überaktivität. Für die Diagnose sind beide notwendig.

Die beeinträchtigte Aufmerksamkeit zeigt sich darin, daß Aufgaben vorzeitig abgebrochen und Tätigkeiten nicht beendet werden. Die Kinder wechseln häufig von einer Aktivität zur anderen, wobei sie anscheinend das Interesse an einer Aufgabe verlieren, weil sie zu einer anderen hin abgelenkt werden (wenn auch Laboruntersuchungen nicht regelmäßig ein ungewöhnliches Ausmaß an sensorischer oder perzeptiver Ablenkbarkeit zeigen). Diese Aspekte mangelnder Aufmerksamkeit und Ausdauer sollten nur dann diagnostiziert werden, wenn sie im Verhältnis zum Alter und Intelligenzniveau des Kindes sehr stark ausgeprägt sind.

Überaktivität bedeutet exzessive Ruhelosigkeit, besonders in Situationen, die relative Ruhe verlangen. Situationsabhängig kann sie sich im Herumlaufen oder Herumspringen äußern, im Aufstehen, wenn dazu aufgefordert wurde sitzenzubleiben; in ausgeprägter Redseligkeit und Lärmen; oder im Wackeln und Zappeln bei Ruhe. Beurteilungsmaßstab sollte sein, daß die Aktivität im Verhältnis zu dem, was in der gleichen Situation von gleichaltrigen Kindern mit gleicher Intelligenz zu erwarten wäre, extrem ausgeprägt ist. Dieses Verhaltensmerkmal zeigt sich am deutlichsten in strukturierten und organisierten Situationen, die ein hohes Maß an eigener Verhaltenskontrolle fordern.

Beeinträchtigte Aufmerksamkeit und Überaktivität sollen nebeneinander vorhanden sein; darüber hinaus sollen sie in mehr als einer Situation in Erscheinung treten (z.B. zu Hause, in der Klasse und in der Klinik).

Ausschluß:
- Angststörung (F41.x)
- affektive Störung (F30-F39)
- tiefgreifende Entwicklungsstörung (F84.x)
- Schizophrenie (F20.x)

F90.0 Einfache Aktivitäts- und Aufmerksamkeitsstörung

Dazugehörige Begriffe:
- Aufmerksamkeitsdefizit bei
  - Störung mit Hyperaktivität
  - Hyperaktivitätsstörung
  - hyperaktivem Syndrom

Ausschluß:
- hyperkinetische Störung des Sozialverhaltens (F90.1)

F90.1 Hyperkinetische Störung des Sozialverhaltens

Dazugehöriger Begriff:
- hyperkinetische Störung verbunden mit Störung des Sozialverhaltens

F90.8 Sonstige hyperkinetische Störungen

F90.9 Nicht näher bezeichnete hyperkinetische Störung

Dazugehörige Begriffe:
- nicht näher bezeichnete hyperkinetische Reaktion der Kindheit oder der Jugend
- nicht näher bezeichnetes hyperkinetisches Syndrom

F91 Störungen des Sozialverhaltens

Störungen des Sozialverhaltens sind durch ein sich wiederholendes und anhaltendes Muster dissozialen, aggressiven und aufsässigen Verhaltens charakterisiert. Dieses Verhalten übersteigt mit seinen gröberen Verletzungen die altersentsprechenden sozialen Erwartungen. Es ist also schwerwiegender als gewöhnlicher kindischer Unfug oder jugendliche Aufmüpfigkeit. Das anhaltende Verhaltensmuster muß mindestens sechs Monate oder länger bestanden haben. Störungen des Sozialverhaltens können auch bei anderen psychiatrischen Erkrankungen auftreten, in diesen Fällen ist die zugrundeliegende Diagnose zu verwenden.

Beispiele für Verhaltensweisen, welche diese Diagnose begründen, sind ein extremes Maß an Streiten oder Tyrannisieren, Grausamkeit gegenüber anderen Personen oder Tieren, erhebliche Destruktivität gegenüber Eigentum, Feuerlegen, Stehlen, häufiges Lügen, Schulschwänzen oder Weglaufen von zu Hause, ungewöhnlich häufige und schwere Wutausbrüche und Ungehorsam. Jedes dieser Beispiele ist bei erheblicher Ausprägung ausreichend für die Diagnose, nicht aber nur isolierte dissoziale Handlungen.

Ausschluß:
- affektive Störungen (F30–F39)
- tiefgreifende Entwicklungsstörungen (F84.x)
- Schizophrenie (F20.x)
- Kombination mit emotionaler Störung (F92.x)
- Kombination mit hyperkinetischer Störung (F90.1)

F91.0 Auf den familiären Rahmen beschränkte Störung des Sozialverhaltens

Diese Verhaltensstörung umfaßt dissoziales oder aggressives Verhalten (und nicht nur oppositionelles, aufsässiges oder trotziges Verhalten), das vollständig oder fast völlig auf den häuslichen Rahmen oder auf Interaktionen mit Mitgliedern der Kernfamilie oder der unmittelbaren Lebensgemeinschaft beschränkt ist. Für die Störung müssen die allgemeinen Kriterien für F91.x erfüllt sein. Schwer gestörte Eltern-Kind-Beziehungen sind für die Diagnose allein nicht ausreichend.

F91.1 Störung des Sozialverhaltens bei fehlenden sozialen Bindungen

Diese Störung ist charakterisiert durch die Kombination von andauerndem dissozialem oder aggressivem Verhalten, das die allgemeinen Kriterien für F91.x erfüllt und nicht nur oppositionelles, aufsässiges und trotziges Verhalten umfaßt, mit einer deutlichen und tiefgreifenden Beeinträchtigung der Beziehungen des Betroffenen zu anderen Kindern.

Dazugehörige Begriffe:
– Störung des Sozialverhaltens, vereinzelt-aggressive Form
– nichtsozialisierte aggressive Störung

F91.2 Störung des Sozialverhaltens bei vorhandenen sozialen Bindungen

Diese Verhaltensstörung beinhaltet andauerndes dissoziales oder aggressives Verhalten, das die allgemeinen Kriterien für F91.x erfüllt und nicht nur oppositionelles, aufsässiges und trotziges Verhalten umfaßt und bei Kindern auftritt, die allgemein gut in ihrer Altersgruppe eingebunden sind.

Dazugehörige Begriffe:
– Störung des Sozialverhaltens, Gruppenform
– Gruppendelinquenz
– Vergehen im Rahmen einer Bandenmitgliedschaft
– gemeinsames Stehlen
– Schulschwänzen

F91.3 Störung des Sozialverhaltens mit oppositionellem, aufsässigem Verhalten

Diese Verhaltensstörung tritt gewöhnlich bei jüngeren Kindern auf und ist in erster Linie durch deutlich aufsässiges, ungehorsames Verhalten charakterisiert, ohne delinquente Handlungen oder schwere Formen aggressiven oder dissozialen Verhaltens. Für diese Störung müssen die allgemeinen Kriterien für F91 erfüllt sein: deutlich übermütiges oder ungezogenes Verhalten allein reicht für die Diagnosestellung nicht aus. Vorsicht beim Stellen dieser Diagnose ist vor allem bei älteren Kindern geboten, bei denen klinisch bedeutsame Störungen des Sozialverhaltens meist mit dissozialem oder aggressivem Verhalten einhergehen, das über Aufsässigkeit, Ungehorsam oder Trotz hinausgeht.

F91.8 Sonstige Störungen des Sozialverhaltens

F91.9 Nicht näher bezeichnete Störung des Sozialverhaltens

Dazugehörige Begriffe:
– nicht näher bezeichnete Verhaltensstörung in der Kindheit
– nicht näher bezeichnete Störung des Sozialverhaltens in der Kindheit

F92 Kombinierte Störungen des Sozialverhaltens und der Emotionen

Diese Gruppe von Störungen ist durch die Kombination von anhaltendem aggressivem, dissozialem oder aufsässigem Verhalten charakterisiert mit offensichtlichen und eindeutigen Symptomen von Depression, Angst oder anderen emotionalen Störungen. Sowohl die Kriterien für Störungen des Sozialverhaltens im Kindesalter (F91.x) als auch für emotionale Störungen des Kindesalters (F93.x) bzw. für eine erwachsenentypische neurotische Störung (F40–F49) oder eine affektive Störung (F30–F39) müssen erfüllt sein.

F92.0 Störung des Sozialverhaltens mit depressiver Störung

Diese Kategorie verlangt die Kombination einer Störung des Sozialverhaltens (F91.x) mit andauernder und deutlich depressiver Verstimmung, die sich in ausgeprägtem Leiden, Interessenverlust, mangelndem Vergnügen an alltäglichen Aktivitäten, Schulderleben und Hoffnungslosigkeit zeigt. Schlafstörungen und Appetitlosigkeit können gleichfalls vorhanden sein.

Dazugehöriger Begriff:

– Störung des Sozialverhaltens (F91.x) mit einer depressiven Störung (F32.x)

F92.8 Sonstige kombinierte Störung des Sozialverhaltens und der Emotionen

Diese Kategorie verlangt die Kombination einer Störung des Sozialverhaltens (F91.x) mit andauernden und deutlichen emotionalen Symptomen wie Angst, Zwangsgedanken oder Zwangshandlungen, Depersonalisation oder Derealisation, Phobien oder Hypochondrie.

Dazugehörige Begriffe:

– Störung des Sozialverhaltens (F91.x)
– Störung des Sozialverhaltens mit emotionaler Störung (F93.x)
– Störung des Sozialverhaltens mit neurotischer Störung (F40–F49)

F92.9 Nicht näher bezeichnete kombinierte Störung des Sozialverhaltens und der Emotionen

F93 Emotionale Störungen des Kindesalters

Diese stellen in erster Linie Verstärkungen normaler Entwicklungstrends dar und weniger eigenständige, qualitativ abnorme Phänomene. Die Entwicklungsbezogenheit ist das diagnostisches Schlüsselmerkmal für die Unterscheidung der emotionalen Störungen mit Beginn in der Kindheit (F93.x) von den neurotischen Störungen (F40–F49).

Ausschluß:
– wenn mit einer Störung des Sozialverhaltens im Kindesalter verbunden (F92.x)

F93.0 Störung mit Trennungsangst des Kindesalters

Eine Störung mit Trennungsangst soll nur dann diagnostiziert werden, wenn die Furcht vor Trennung den Kern der Angst darstellt und wenn eine solche Angst erstmals während der frühen Kindheit auftrat. Sie unterscheidet sich von normaler Trennungsangst durch eine unübliche Ausprägung, eine abnorme Dauer über die typische Altersstufe hinaus und durch eine deutliche Beeinträchtigung sozialer Funktionen.

An Symptomen kommen vor:

1. Unrealistische, vereinnahmende Besorgnis über mögliches Unheil, das Hauptbezugspersonen zustoßen könnte, oder Furcht, daß sie weggehen und nicht wiederkommen könnten.

2. Unrealistische, vereinnahmende Besorgnis, daß irgendein unglückliches Ereignis das Kind von einer Hauptbezugsperson trennen werde – beispielsweise, daß das Kind verlorengeht, gekidnappt, ins Krankenhaus gebracht oder getötet wird.

3. Aus Furcht vor der Trennung (mehr als aus anderen Gründen, wie Furcht vor Ereignissen in der Schule) resultierende, überdauernde Abneigung oder Weigerung, die Schule zu besuchen.

4. Anhaltende Abneigung oder Weigerung, ins Bett zu gehen, ohne daß eine Hauptbezugsperson dabei oder in der Nähe ist.

5. Anhaltende unangemessene Furcht, allein oder tagsüber ohne eine Hauptbezugsperson zu Hause zu sein.

6. Wiederholte Alpträume über Trennung.

7. Wiederholtes Auftreten somatischer Symptome (wie Übelkeit, Bauchschmerzen, Kopfschmerzen oder Erbrechen) bei Trennung von einer Hauptbezugsperson, z.B. beim Verlassen des Hauses, um in die Schule zu gehen.

8. Extremes wiederkehrendes Unglücklichsein (z.B. Angst, Schreien, Wutausbrüche, Unglücklichsein, Apathie oder sozialer Rückzug) in Erwartung von, während oder unmittelbar nach der Trennung von einer Hauptbezugsperson.

Ausschluß:
– affektive Störungen (F30–F39)
– neurotische Störungen (F40–F48)
– phobische Störung des Kindesalters (F93.1)
– Störung mit sozialer Überempfindlichkeit des Kindesalters (F93.2)

F93.1 Phobische Störung des Kindesalters

Es handelt sich um Befürchtungen in der Kindheit, die eine deutliche Spezifität für die entsprechenden Entwicklungsphasen aufweisen und in einem gewissen Ausmaß bei der Mehrzahl der Kinder auftreten, hier aber in einer besonderen Ausprägung. In der Kindheit auftretende Befürchtungen, die nicht normaler Bestandteil der psychosozialen Entwicklung sind, wie z.B. die Agoraphobie, sind unter der entsprechenden Kategorie in Abschnitt F40–F49 zu klassifizieren.

Ausschluß:
- generalisierte Angst (F41.1)

F93.2 Störung mit sozialer Ängstlichkeit des Kindesalters

Bei dieser Störung besteht ein Mißtrauen gegenüber Fremden und soziale Besorgnis oder Angst in neuen, fremden oder sozial bedrohlichen Situationen. In solchen Situationen treten Befürchtungen in der früheren Kindheit oft auf, hier ist aber das Ausmaß und die begleitende soziale Beeinträchtigung ungewöhnlich ausgeprägt.

Diese Kategorie soll nur für Störungen verwendet werden, die vor dem sechsten Lebensjahr beginnen, die von ungewöhnlichen sozialen Beeinträchtigungen begleitet und nicht Teil einer generellen emotionalen Störung sind.

Kinder mit dieser Störung zeigen eine durchgängige oder wiederkehrende Furcht vor Fremden oder meiden diese. Diese Furcht kann sich hauptsächlich auf Erwachsene, auf Gleichaltrige oder auf beide beziehen. Die Furcht ist mit einer normalen selektiven Bindung an Eltern oder an andere vertraute Personen verbunden. Die Vermeidung oder Furcht vor sozialen Begegnungen erreicht ein Ausmaß, das außerhalb der altersspezifischen üblichen Grenzen liegt und von einer bedeutsamen sozialen Beeinträchtigung begleitet ist.

Dazugehöriger Begriff:
- selbstunsichere (vermeidende) Störung in der Kindheit oder Adoleszenz

F93.3 Emotionale Störung mit Geschwisterrivalität

Die Mehrzahl junger Kinder zeigt gewöhnlich ein gewisses Ausmaß emotionaler Störungen nach der Geburt eines unmittelbar nachfolgenden jüngeren Geschwisters. Eine emotionale Störung mit Geschwisterrivalität soll nur dann diagnostiziert werden, wenn sowohl das Ausmaß als auch die Dauer der Störung übermäßig ausgeprägt sind und die Störung mit sozialer Beeinträchtigung einhergeht und während der Monate nach der Geburt eines jüngeren Geschwisters beginnt.

Dazugehöriger Begriff:
– Geschwister-Eifersucht

F93.8 Sonstige emotionale Störungen des Kindesalters

Dazugehörige Begriffe:
– Identitätsstörung
– Störung mit Überängstlichkeit

Ausschluß:
– Störung der Geschlechtsidentität des Kindesalters (F64.2)

F93.9 Nicht näher bezeichnete emotionale Störung des Kindesalters

F94 Störungen sozialer Funktionen mit Beginn in der Kindheit und Jugend

Es handelt sich um eine etwas heterogene Gruppe von Störungen, mit Abweichungen in der sozialen Funktionsfähigkeit und Beginn in der Entwicklungszeit. Anders als die tiefgreifenden Entwicklungsstörungen sind sie jedoch nicht primär durch eine offensichtliche konstitutionelle soziale Beeinträchtigung oder Defizite in allen Bereichen sozialer Funktionen charakterisiert. In vielen Fällen spielen schwerwiegende Milieuschäden oder Deprivationen eine vermutlich entscheidende Rolle in der Ätiologie.

F94.0 Elektiver Mutismus

Dieser ist durch eine deutliche, emotional bedingte Selektivität des Sprechens charakterisiert, so daß das Kind in einigen Situationen spricht, in anderen definierbaren Situationen jedoch nicht. Diese Störung ist üblicherweise mit besonderen Persönlichkeitsmerkmalen, wie Sozialangst, Rückzug, Empfindsamkeit oder Widerstand verbunden.

Dazugehöriger Begriff:
– selektiver Mutismus

Ausschluß:
– tiefgreifende Entwicklungsstörungen (F84.x)
– Schizophrenie (F20.x)
– umschriebene Entwicklungsstörungen des Sprechens und der Sprache (F80.x)
– passagerer Mutismus als Teil einer Störung mit Trennungsangst bei jungen Kindern (F93.0)

F94.1 Reaktive Bindungsstörung des Kindesalters

Sie tritt in den ersten fünf Lebensjahren auf und ist durch anhaltende Auffälligkeiten im sozialen Beziehungsmuster des Kindes charakterisiert. Diese sind von einer emotionalen Störung begleitet und reagieren auf Wechsel in den Milieuverhältnissen. Die Symptome bestehen aus Furchtsamkeit und Übervorsichtigkeit, eingeschränkten sozialen Interaktionen mit Gleichaltrigen, gegen sich selbst oder andere gerichteten Aggressionen, Unglücklichsein und in einigen Fällen Wachstumsverzögerung. Das Syndrom tritt wahrscheinlich als direkte Folge schwerer elterlicher Vernachlässigung, Mißbrauch oder schwerer Mißhandlung auf.

Eine begleitende Gedeih- oder Wachstumsstörung kann zusätzlich kodiert werden.

Ausschluß:
- Asperger-Syndrom (F84.5)
- Bindungsstörung des Kindesalters mit Enthemmung (F94.2)
- Mißhandlungssyndrome (T74)
- Normvariation im Muster der selektiven Bindung
- psychosoziale Probleme infolge sexuellen oder körperlichen Mißbrauchs in der Kindheit (Z61.4–.6)

F94.2 Bindungsstörung des Kindesalters mit Enthemmung

Ein spezifisches abnormes soziales Funktionsmuster, das während der ersten fünf Lebensjahre auftritt mit einer Tendenz, trotz deutlicher Änderungen in den Milieubedingungen zu persistieren. Dieses kann z.B. in diffusem, nichtselektivem Bindungsverhalten bestehen, in aufmerksamkeitssuchendem und wahllos freundlichem Verhalten und kaum modulierten Interaktionen mit Gleichaltrigen; je nach Umständen kommen auch emotionale und Verhaltensstörungen vor.

Die Diagnose soll darauf basieren, daß das Kind eine unübliche Diffusität im selektiven Bindungsverhalten während der ersten fünf Lebensjahre gezeigt hat, gefolgt von einem allgemeinen Anklammerungsverhalten im Kleinkindesalter oder wahllos freundlichem, aufmerksamkeitsuchendem Verhalten in der frühen und mittleren Kindheit. Gewöhnlich bestehen Schwierigkeiten beim Aufbau enger, vertrauensvoller Beziehungen zu Gleichaltrigen. Begleitende emotionale oder Verhaltensstörungen (teilweise abhängig von den augenblicklichen Lebensumständen des Kindes) können vorhanden sein. In den meisten Fällen gibt es in der Vorgeschichte bzw. in den ersten fünf Lebensjahren eine Betreuungsform, die durch deutlich mangelnde Kontinuität der Betreuungspersonen oder mehrfachen Wechsel in der Familienplazierung (etwa durch mehrfache Unterbringung in Pflegefamilien) gekennzeichnet ist.

Dazugehörige Begriffe:
- gefühlsarme Psychopathie
- Heimsyndrom

Ausschluß:
- Asperger-Syndrom (F84.5)
- Hospitalismus bei Kindern (F43.2)
- hyperkinetische Störungen (F90.x)
- reaktive Bindungsstörung des Kindesalters (F94.1)

F94.8 Sonstige Störungen sozialer Funktionen mit Beginn in der Kindheit

F94.9 Nicht näher bezeichnete Störung sozialer Funktionen mit Beginn in der Kindheit

F95 Ticstörungen

Syndrome, bei denen das vorwiegende Symptom ein Tic ist. Ein Tic ist eine unwillkürliche, rasche, wiederholte, nicht-rhythmische Bewegung meist umschriebener Muskelgruppen oder eine Lautproduktion, die plötzlich einsetzt und keinem erkennbaren Zweck dient. Normalerweise werden Tics als nicht willkürlich beeinflußbar erlebt, sie können jedoch meist für unterschiedlich lange Zeiträume unterdrückt werden. Belastungen können sie verstärken, während des Schlafens verschwinden sie. Häufige einfache motorische Tics sind Blinzeln, Kopfwerfen, Schulterzucken und Grimassieren. Häufige einfache vokale Tics sind z.B. Räuspern, Bellen, Schnüffeln und Zischen. Komplexe Tics sind Sich-selbst-Schlagen sowie Springen und Hüpfen. Komplexe vokale Tics sind die Wiederholung bestimmter Wörter und manchmal der Gebrauch sozial unangebrachter, oft obszöner Wörter (Koprolalie) und die Wiederholung eigener Laute oder Wörter (Palilalie).

Ausschluß:
- andere somatoforme Störungen (F45.8)

F95.0 Vorübergehende Ticstörung

Sie erfüllt die allgemeinen Kriterien für eine Ticstörung, jedoch halten die Tics nicht länger als 12 Monate an. Die Tics sind häufig Blinzeln, Grimassieren oder Kopfschütteln.

F95.1 Chronische motorische oder vokale Ticstörung

Sie erfüllt die allgemeinen Kriterien für eine Ticstörung, wobei motorische oder vokale Tics, jedoch nicht beide zugleich, einzeln, meist jedoch multipel, auftreten und länger als ein Jahr andauern.

F95.2 Kombinierte vokale und multiple motorische Tics (Tourette-Syndrom)

Eine Form der Ticstörung, bei der gegenwärtig oder in der Vergangenheit multiple motorische Tics und ein oder mehrere vokale Tics vorgekommen sind, die aber nicht notwendigerweise gleichzeitig auftreten müssen. Die Störung verschlechtert sich meist während der Adoleszenz und neigt dazu, bis in das Erwachsenenalter anzuhalten. Die vokalen Tics sind häufig multipel mit explosiven repetitiven Vokalisationen, Räuspern, Grunzen und Gebrauch von obszönen Wörtern oder Phrasen. Manchmal besteht eine begleitende gestische Echopraxie, die ebenfalls obszöner Natur sein kann (Kopropraxie).

F95.8 Sonstige Ticstörungen

F95.9 Nicht näher bezeichnete Ticstörung

F98 Sonstige Verhaltens- und emotionale Störungen mit Beginn in der Kindheit und Jugend

Dieser heterogenen Gruppe von Störungen ist der Beginn in der Kindheit gemeinsam, sonst unterscheiden sie sich jedoch in vieler Hinsicht. Einige der Störungen repräsentieren gut definierte Syndrome, andere sind jedoch nicht mehr als Symptomkomplexe, die hier aber wegen ihrer Häufigkeit und ihrer sozialen Folgen, und weil sie anderen Syndromen nicht zugeordnet werden können, aufgeführt werden.

Ausschluß:
– Anfälle von Atemnot (R08)
– Störung der Geschlechtsidentität in der Kindheit (F64.2)
– Kleine-Levin-Syndrom (G47.8)
– Zwangsstörungen (F42.x)
– nichtorganische Schlafstörungen (F51)

F98.0 Enuresis

Diese Störung ist charakterisiert durch unwillkürlichen Harnabgang am Tag und in der Nacht, untypisch für das Entwicklungsalter. Sie ist nicht Folge einer mangelnden Blasenkontrolle aufgrund einer neurologischen Erkrankung, epileptischer Anfälle oder einer strukturellen Anomalie der ableitenden Harnwege. Die Enuresis kann von Geburt an bestehen oder nach einer Periode bereits erworbener Blasenkontrolle aufgetreten sein. Die Enuresis kann von einer schweren emotionalen oder Verhaltensstörung begleitet werden. Sie wird in der Regel bei einem Kind von weniger als 5 Jahren oder mit einem geistigen Intelligenzalter von weniger als 4 Jahren nicht diagnostiziert.

Dazugehörige Begriffe:
– primäre oder sekundäre Enuresis (nichtorganischen Ursprungs)
– funktionelle Enuresis

- psychogene Enuresis
- Urininkontinenz nichtorganischen Ursprungs

Ausschluß:
- nicht näher bezeichnete Inkontinenz (R33)

F98.1 Enkopresis

Wiederholtes willkürliches oder unwillkürliches Absetzen von Faeces normaler oder fast normaler Konsistenz an Stellen, die im sozio-kulturellen Umfeld des Betroffenen nicht dafür vorgesehen sind. Die Störung kann eine abnorme Verlängerung der normalen infantilen Inkontinenz darstellen oder einen Kontinenzverlust nach bereits vorhandener Darmkontrolle, oder es kann sich um ein absichtliches Absetzen von Stuhl an dafür nicht vorgesehenen Stellen trotz normaler physiologischer Darmkontrolle handeln. Das Zustandsbild kann als monosymptomatische Störung auftreten oder als Teil einer umfassenderen Störung, besonders einer emotionalen Störung (F93.x) oder einer Störung des Sozialverhaltens (F91.x).

Dazugehörige Begriffe:
- funktionelle Enkopresis
- Stuhlinkontinenz nichtorganischen Ursprungs
- psychogene Enkopresis

Ausschluß:
- nicht näher bezeichnetes Einkoten (R15)

Die Ursache einer eventuell gleichzeitig bestehenden Obstipation kann zusätzlich kodiert werden.

F98.2 Fütterstörung im frühen Kindesalter

Eine Fütterstörung mit unterschiedlicher Symptomatik, die gewöhnlich für das Kleinkindalter und frühe Kindesalter spezifisch ist. Im allgemeinen umfaßt sie Nahrungsverweigerung, extrem wählerisches Eßverhalten bei angemessenem Nahrungsangebot und einer hinreichend kompetenten Betreuungsperson, in Abwesenheit einer organischen Erkrankung. Begleitend kann Rumination – d.h., wiederholtes Heraufwürgen von Nahrung ohne Übelkeit oder eine gastrointestinale Erkrankung – vorhanden sein. Eine Störung sollte nur diagnostiziert werden, wenn das Ausmaß deutlich außerhalb des Normbereichs liegt oder wenn die Art des Eßproblems qualitativ abnorm ist oder wenn das Kind nicht zunimmt oder über einen Zeitraum von wenigstens 1 Monat Gewicht verliert.

Dazugehöriger Begriff:
- Ruminationsstörung im Kleinkindalter

Ausschluß:

- Anorexia nervosa und andere Eßstörungen (F50.x)
- Fütterschwierigkeiten und Betreuungsfehler (R63.3)
- Fütterprobleme bei Neugeborenen (P92.x)
- Pica im frühen Kindesalter (F98.3)

F98.3 Pica im Kindesalter

Anhaltender Verzehr nicht eßbarer Substanzen wie Erde, Farbschnipsel usw. Sie kann als eines von vielen Symptomen einer umfassenderen psychischen Störung wie Autismus auftreten, oder sie kann als relativ isolierte psychopathologische Auffälligkeit vorkommen; nur das letztere wird hier kodiert. Das Phänomen ist bei intelligenzgeminderten Kindern am häufigsten. Wenn eine solche Intelligenzminderung vorliegt, ist als Hauptdiagnose eine Kodierung unter F70–F79 zu verwenden.

F98.4 Stereotype Bewegungsstörung

Willkürliche, wiederholte, stereotype, nicht funktionale und oft rhythmische Bewegungen, die nicht Teil einer anderen psychischen oder neurologischen Erkrankung sind. Wenn solche Bewegungen als Symptome einer anderen Störung vorkommen, soll nur die übergreifende Störung kodiert werden. Nicht selbstbeschädigende Bewegungen sind z.B.: Körperschaukeln, Kopfschaukeln, Haarezupfen, Haaredrehen, Fingerschnipsgewohnheiten und Händeklatschen. Stereotype Selbstbeschädigungen sind z.B.: Wiederholtes Kopfanschlagen, Ins-Gesicht-Schlagen, In-die-Augen-Bohren und Beißen in Hände, Lippen oder andere Körperpartien. Alle stereotypen Bewegungsstörungen treten am häufigsten in Verbindung mit Intelligenzminderung auf; wenn dies der Fall ist, sind beide Störungen zu kodieren.

Wenn das Bohren in den Augen bei einem Kind mit visueller Behinderung auftritt, soll beides kodiert werden: das Bohren in den Augen mit F98.4 und die Sehstörung mit der Kodierung der entsprechenden somatischen Störung.

Dazugehöriger Begriff:

- Stereotypie/abnorme Gewohnheit

Ausschluß:

- abnorme unwillkürliche Bewegungen (R25.x)
- Bewegungsstörungen organischen Ursprungs (G20–25)
- Nägelkauen (F98.8)
- Nasebohren (F98.8)
- Stereotypien als Teil einer umfassenderen psychischen Störung (F00–F95)
- Daumenlutschen (F98.8)

- Ticstörungen (F95.x)
- Trichotillomanie (F63.3)

F98.5 Stottern (Stammeln)

Hierbei ist das Sprechen durch häufige Wiederholung oder Dehnung von Lauten, Silben oder Wörtern oder alternativ durch häufiges Zögern und Innehalten, das den rhythmischen Sprechfluß unterbricht, gekennzeichnet. Es soll als Störung nur klassifiziert werden, wenn die Sprechflüssigkeit deutlich beeinträchtigt ist.

Ausschluß:
- Poltern (F98.6)
- Ticstörungen (F95.x)

F98.6 Poltern

Eine hohe Sprechgeschwindigkeit mit Störung der Sprechflüssigkeit, jedoch ohne Wiederholungen oder Zögern, von einem Schweregrad, der zu einer beeinträchtigten Sprechverständlichkeit führt. Das Sprechen ist unregelmäßig und unrhythmisch, mit schnellen, ruckartigen Anläufen, die gewöhnlich zu einem fehlerhaften Satzmuster führen.

Ausschluß:
- Ticstörungen (F95.x)
- Stottern (F98.5)

F98.8 Sonstige näher bezeichnete Verhaltens- und emotionale Störungen mit Beginn in der Kindheit und Jugend

Dazugehörige Begriffe:
- Aufmerksamkeitsstörung ohne Hyperaktivität
- exzessive Masturbation
- Nägelkauen
- Nasebohren
- Daumenlutschen

F98.9 Nicht näher bezeichnete Verhaltens- und emotionale Störungen mit Beginn in der Kindheit und Jugend

F99 Nicht näher bezeichnete psychische Störung

Nicht empfohlene Restkategorie; nur zu verwenden, wenn keine andere Kodierung des Kapitels V (F), F00–F98, in Frage kommt.

Dazugehöriger Begriff:
- nicht näher bezeichnete psychische Erkrankung

Ausschluß:
- nicht näher bezeichnete organische psychische Störung (F06.9)

Zweite Achse
Umschriebene Entwicklungsstörungen

000.0 Keine umschriebene Entwicklungsstörung

F80–
F83 Umschriebene Entwicklungsstörungen

Die unter F80–F83 zusammengefaßten Störungen haben folgende Gemeinsamkeiten:
a. Beginn ausnahmslos im Kleinkindalter oder in der Kindheit;
b. eine Entwicklungseinschränkung oder -verzögerung von Funktionen, die eng mit der biologischen Reifung des Zentralnervensystems verknüpft sind;
c. stetiger Verlauf ohne Remissionen und Rezidive.

F80 Umschriebene Entwicklungsstörungen des Sprechens und der Sprache

Es handelt sich um Störungen, bei denen die normalen Muster des Spracherwerbs von frühen Entwicklungsstadien an beeinträchtigt sind. Die Störungen können nicht direkt neurologischen Störungen oder Abnormitäten des Sprachablaufs, sensorischen Beeinträchtigungen, Intelligenzminderung oder Umweltfaktoren zugeordnet werden. Umschriebene Entwicklungsstörungen des Sprechens und der Sprache ziehen oft sekundäre Folgen nach sich, wie Schwierigkeiten beim Lesen und Rechtschreiben, Störungen im Bereich der zwischenmenschlichen Beziehungen, im emotionalen und Verhaltensbereich.

F80.0 Artikulationsstörung

Eine umschriebene Entwicklungsstörung, bei der die Artikulation des Kindes unterhalb des seinem Intelligenzalter angemessenen Niveaus liegt, seine sprachlichen Fähigkeiten jedoch im Normbereich liegen.

Dazugehörige Begriffe:
– phonologische Entwicklungsstörung
– entwicklungsbedingte Artikulationsstörung
– Dyslalie
– funktionelle Artikulationsstörung
– Lallen

Ausschluß:
- Artikulationsschwächen bei:
  - nicht näher bezeichneter Aphasie (R47.0)
  - Apraxie (R48.2)
  - Hörverlust (H90–H91)
  - Intelligenzminderung (F70–F79)
  - expressiver Sprachstörung (F80.1)
  - rezeptiver Sprachstörung (F80.2)

F80.1 Expressive Sprachstörung

Eine umschriebene Entwicklungsstörung, bei der die Fähigkeit des Kindes, die expressiv gesprochene Sprache zu gebrauchen, deutlich unterhalb des seinem Intelligenzalter angemessenen Niveaus liegt, das Sprachverständnis liegt jedoch im Normbereich. Störungen der Artikulation können vorkommen.

Dazugehöriger Begriff:
- Entwicklungsdysphasie oder -aphasie (expressiver Typ)

Ausschluß:
- erworbene Aphasie mit Epilepsie (80.3)
- Entwicklungsdysphasie oder -aphasie, rezeptiver Typ (F80.2)
- nicht näher bezeichnete Dysphasie und Aphasie (R47.0)
- elektiver Mutismus (F94.0)
- Intelligenzminderung (F70–F79)
- tiefgreifende Entwicklungsstörungen (F84.x)

F80.2 Rezeptive Sprachstörung

Eine umschriebene Entwicklungsstörung, bei der das Sprachverständnis des Kindes unterhalb des seinem Intelligenzalter angemessenen Niveaus liegt. In praktisch allen Fällen ist auch die expressive Sprache deutlich beeinträchtigt, Störungen in der Wort-Laut-Produktion sind häufig.

Dazugehörige Begriffe:
- angeborene Hörschwäche
- Entwicklungsaphasie oder -dysphasie (rezeptiver Typ)
- entwicklungsbedingte Wernicke-Aphasie
- Worttaubheit

Ausschluß:
- erworbene Aphasie mit Epilepsie (F80.3)
- Autismus (F84.0.1)
- entwicklungsbedingte Dysphasie oder Aphasie, expressiver Typ (F80.1)

- nicht näher bezeichnete Dysphasie und Aphasie (R47.0)
- elektiver Mutismus (F94.0)
- Sprachentwicklungsverzögerung infolge von Taubheit (H90–H91)
- Intelligenzminderung (F70–F79)

F80.3 Erworbene Aphasie mit Epilepsie (Landau-Kleffner-Syndrom)

Eine Störung, bei der ein Kind, welches vorher normale Fortschritte in der Sprachentwicklung gemacht hatte, sowohl rezeptive als auch expressive Sprachfertigkeiten verliert, die allgemeine Intelligenz aber erhalten bleibt. Der Beginn der Störung wird von paroxysmalen Auffälligkeiten im EEG begleitet und in der Mehrzahl der Fälle auch von epileptischen Anfällen. Typischerweise liegt der Beginn im Alter von 3–7 Jahren mit einem Verlust der Sprachfertigkeiten innerhalb von Tagen oder Wochen. Der zeitliche Zusammenhang zwischen dem Beginn der Krampfanfälle und dem Verlust der Sprache ist sehr variabel, wobei das eine oder das andere um ein paar Monate bis zu zwei Jahren vorausgehen kann. Ätiologisch ist ein entzündlicher enzephalitischer Prozeß zu vermuten. Etwa zwei Drittel der Kinder behalten einen mehr oder weniger schweren rezeptiven Sprachdefekt.

Ausschluß:
- Autismus (F84.0, F84.1)
- desintegrative Störung des Kindesalters (F84.2, F84.3)
- nicht näher bezeichnete Aphasie (R47.0)

F80.8 Sonstige Entwicklungsstörungen des Sprechens oder der Sprache

Dazugehöriger Begriff:
- Lispeln

F80.9 Nicht näher bezeichnete Entwicklungsstörung des Sprechens oder der Sprache

Dazugehöriger Begriff:
- nicht näher bezeichnete Sprachstörung

F81 Umschriebene Entwicklungsstörungen schulischer Fertigkeiten

Es handelt sich um Störungen, bei denen die normalen Muster des Fertigkeitserwerbs von frühen Entwicklungstadien an beeinträchtigt sind. Die Beeinträchtigung ist nicht einfach Folge eines Mangels an Gelegenheit zu lernen; sie ist auch nicht allein als Folge einer Intelligenzminderung oder irgendeiner erworbenen Hirnschädigung oder

-erkrankung aufzufassen. Der Leistungsstand des Kindes soll eindeutig unter dem liegen, der für ein Kind von gleichem geistigen Alter erwartet wird. Es sollte eine schulische Bewertung vorliegen, die bei weniger als 3% der Schulkinder erwartet wird.

F81.0 Lese- und Rechtschreibstörung

Das Hauptmerkmal ist eine umschriebene und bedeutsame Beeinträchtigung in der Entwicklung der Lesefertigkeiten, die nicht allein durch das Entwicklungsalter, Visusprobleme oder unangemessene Beschulung erklärbar ist. Das Leseverständnis, die Fähigkeit, gelesene Worte wiederzuerkennen, vorzulesen, und Leistungen, für welche Lesefähigkeit nötig ist, können sämtlich betroffen sein. Bei umschriebenen Lesestörungen sind Rechtschreibstörungen häufig und persistieren oft bis in die Adoleszenz, auch wenn einige Fortschritte im Lesen gemacht werden. Umschriebenen Entwicklungsstörungen des Lesens gehen Entwicklungsstörungen des Sprechens oder der Sprache voraus. Während der Schulzeit sind begleitende Störungen im emotionalen und Verhaltensbereich häufig.

Dazugehörige Begriffe:

- "Leserückstand"
- Entwicklungsdyslexie
- umschriebene Leseverzögerung

Ausschluß:

- nicht näher bezeichnete Dyslexie (R48.0)
- Lesestörungen infolge emotionaler Störungen (F93.x)

F81.1 Isolierte Rechtschreibstörung

Es handelt sich um eine Störung, deren Hauptmerkmal in einer umschriebenen und bedeutsamen Beeinträchtigung der Entwicklung von Rechtschreibfertigkeiten besteht, ohne Vorgeschichte einer Lesestörung. Sie ist nicht allein durch ein zu niedriges Intelligenzalter, durch Visusprobleme oder unangemessene Beschulung erklärbar. Die Fähigkeiten, mündlich zu buchstabieren und Wörter korrekt auszuschreiben, sind beide betroffen.

Dazugehöriger Begriff:

- umschriebene Verzögerung der Rechtschreibfähigkeit (ohne Lesestörung)

Ausschluß:

- Lese- und Rechtschreibstörung (F81.0)
- unangemessener Schulunterricht (Z55.8)
- nicht näher bezeichnete Rechtschreibstörung (R48.8)

F81.2 Rechenstörung

Diese Störung besteht in einer umschriebenen Beeinträchtigung von Rechenfertigkeiten, die nicht allein durch eine allgemeine Intelligenzminderung oder eine unangemessene Beschulung erklärbar ist. Das Defizit betrifft vor allem die Beherrschung grundlegender Rechenfertigkeiten, wie Addition, Subtraktion, Multiplikation und Division, weniger die höheren mathematischen Fertigkeiten, die für Algebra, Trigonometrie, Geometrie oder Differential- und Integralrechnung benötigt werden.

Dazugehörige Begriffe:
- Entwicklungsakalkulie
- Entwicklungsstörung des Rechnens
- entwicklungsbedingtes Gerstmann-Syndrom
- Dyskalkulie

Ausschluß:
- nicht näher bezeichnete Akalkulie (R48.8)
- erworbene Rechenstörung (R48.8)
- kombinierte Störung schulischer Fertigkeiten (F81.3)
- unangemessener Schulunterricht (Z55.8)

F81.3 Kombinierte Störung schulischer Fertigkeiten

Dies ist eine schlecht definierte Restkategorie für Störungen mit deutlicher Beeinträchtigung der Rechen-, der Lese- und der Rechtschreibfertigkeiten. Die Schwäche ist jedoch nicht allein durch eine allgemeine Intelligenzminderung oder eine unangemessene Beschulung erklärbar. Sie soll für Störungen verwendet werden, die die Kriterien für F81.2 und F81.0 oder F81.1 erfüllen.

Ausschluß:
- umschriebene Rechenstörung (F81.2)
- umschriebene Lese- und Rechtschreibstörung (F81.0)
- umschriebene Rechtschreibstörung (F81.1)

F81.8 Sonstige Entwicklungsstörungen schulischer Fertigkeiten

Dazugehöriger Begriff:
- entwicklungsbedingte expressive Schreibstörung

F81.9 Nicht näher bezeichnete Entwicklungsstörung schulischer Fertigkeiten

Dazugehörige Begriffe:
- nicht näher bezeichnete Lernbehinderung
- nicht näher bezeichnete Lernstörung

F82 Umschriebene Entwicklungsstörung der motorischen Funktionen

Hauptmerkmal ist eine schwerwiegende Entwicklungsbeeinträchtigung der motorischen Koordination, die nicht allein durch eine Intelligenzminderung oder eine spezifische angeborene oder erworbene neurologische Störung erklärbar ist. In den meisten Fällen zeigt eine sorgfältige klinische Untersuchung dennoch deutliche entwicklungsneurologische Unreifezeichen wie choreoforme Bewegungen frei gehaltener Glieder oder Spiegelbewegungen und andere begleitende motorische Merkmale, ebenso wie Zeichen einer mangelhaften fein- oder grobmotorischen Koordination.

Dazugehörige Begriffe:
- Syndrom des ungeschickten Kindes
- entwicklungsbedingte Koordinationsstörung
- Entwicklungsdyspraxie

Ausschluß:
- Haltungs- und Bewegungsstörungen (R26.x)
- Koordinationsverlust (R27)
- Koordinationsverlust bei Intelligenzminderung (F70–F79)

F83 Kombinierte umschriebene Entwicklungsstörungen

Dies ist eine Restkategorie für Störungen, bei denen eine gewisse Mischung von umschriebenen Entwicklungsstörungen des Sprechens und der Sprache, schulischer Fertigkeiten und motorischer Funktionen vorliegt, von denen jedoch keine so dominiert, daß sie eine Hauptdiagnose rechtfertigt. Diese Mischkategorie soll nur dann verwendet werden, wenn weitgehende Überschneidungen mit allen diesen umschriebenen Entwicklungsstörungen vorliegen. Meist sind sie mit einem gewissen Grad an allgemeiner kognitiver Beeinträchtigung verbunden. Sie ist also dann zu verwenden, wenn Funktionsstörungen vorliegen, welche die Kriterien von zwei oder mehr Kategorien von F80, F81 und F82 erfüllen.

F88 Sonstige Entwicklungsstörungen

Dazugehöriger Begriff:
- entwicklungsbedingte Agnosie

F89 Nicht näher bezeichnete Entwicklungsstörung

Dritte Achse: Intelligenzniveau

Die Verschlüsselung sollte anhand des *gegenwärtigen* intellektuellen Niveaus ohne Berücksichtigung von dessen Ursache, wie z.B. Psychose, kulturelle Deprivation, Down-Syndrom usw., erfolgen. Sofern eine spezifische Behinderung vorliegt, etwa der Sprache, sollte die Verschlüsselung auf einer Beurteilung des intellektuellen Niveaus basieren, *die den beeinträchtigten Bereich nicht einbezieht.* Die Beurteilung des intellektuellen Niveaus kann auf jeglichen verfügbaren Informationen beruhen, sowohl auf dem klinischen Eindruck als auch auf Testergebnissen. Die angegebenen IQ-Niveaus basieren auf einem Test mit einem Mittelwert von 100 und einer Standardabweichung von 15, wie sie für die Wechsler-Skalen gültig sind. Sie sollten nur als Anhaltspunkt dienen und nicht rigide angewendet werden. Wenn eine intellektuelle Behinderung in Verbindung mit einer anderen psychiatrischen Störung auftritt, sind beide auf der jeweils zutreffenden Achse zu verschlüsseln. Ähnliches gilt, wenn eine intellektuelle Behinderung in Verbindung mit einer körperlichen Erkrankung auftritt; diese Erkrankung sollte dann auf der Vierten Achse verschlüsselt werden. Um auch die höheren Intelligenzgrade berücksichtigen zu können, wurden im MAS abweichend von der Originalfassung die Kategorien 1 bis 4 ergänzt.

1. **Sehr hohe Intelligenz**

    Weit überdurchschnittliche Intelligenz
    IQ über 129

2. **Hohe Intelligenz**

    Überdurchschnittliche Intelligenz
    IQ 115–129

3. **Normvariante**

    Durchschnittliche Intelligenz
    IQ 85–114

4. **Niedrige Intelligenz**

    Unterdurchschnittliche Intelligenz
    Grenzdebilität
    IQ 70–84

5–8 **Intelligenzminderung (F7)**

    Ein Zustand von verzögerter oder unvollständiger Entwicklung der geistigen Fähigkeiten; besonders beeinträchtigt sind Fertigkeiten, die sich in der Entwicklungsperiode manifestieren und die zum Intelligenzniveau beitragen, wie Kognition, Sprache, motorische und soziale Fähigkeiten. Eine Intelligenzminderung kann allein oder zusammen mit jeder anderen psychischen oder körperlichen Störung auftreten.

Mit der vierten Stelle kann das Ausmaß der Verhaltensstörung klassifiziert werden, wenn diese sich nicht auf eine andere Störung bezieht:

F7x.0 keine oder geringfügige Verhaltensstörung

F7x.1 deutliche Verhaltensstörung, die Beobachtung oder Behandlung erfordert

F7x.8 andere Verhaltensstörungen

F7x.9 nicht näher bezeichnete Verhaltensstörungen

Begleitende Zustandsbilder, wie Autismus, andere Entwicklungsstörungen, Epilepsie, Störungen des Sozialverhaltens oder schwere körperliche Behinderung, müssen unabhängig hiervon auf Achse I klassifiziert werden.

5. **Leichte Intelligenzminderung (F70)**

   Debilität
   IQ 50–69
   (bei Erwachsenen Intelligenzalter von 9 bis unter 12 Jahren)

   Dazugehörige Begriffe:

   – Schwachsinn
   – leichte intellektuelle Behinderung
   – leichte Oligophrenie

6. **Mittelgradige Intelligenzminderung (F71)**

   Imbezillität
   IQ 35–49
   (bei Erwachsenen Intelligenzalter von 6 bis unter 9 Jahren)

   Dazugehöriger Begriff:

   – mittelgradige intellektuelle Behinderung

7. **Schwere Intelligenzminderung (F72)**

   ausgeprägte Imbezilität
   IQ 20–34
   (bei Erwachsenen Intelligenzalter von 3 bis unter 6 Jahren)

   Dazugehörige Begriffe:

   – schwere intellektuelle Behinderung
   – schwere Oligophrenie

8. **Schwerste Intelligenzminderung (F73)**

   Idiotie
   IQ unter 20
   (bei Erwachsenen Intelligenzalter unter 3 Jahren)

   Dazugehöriger Begriff:
   – schwerste intellektuelle Behinderung

9. **Intelligenzniveau nicht bekannt**

   (Weder durch klinische noch durch psychometrische Einschätzung)

Vierte Achse
Körperliche Symptomatik

Neurologische Erkrankungen sowie einige andere relevante Krankheitsbilder werden im MAS dreistellig kodiert, alle anderen zweistellig. Bei letzteren genügt im allgemeinen die Gruppenzuordnung. Beispielsweise werden alle infektiösen Darmkrankheiten mit A00 kodiert.

000.0   **Keine körperliche Symptomatik**

Kapitel I: Bestimmte infektiöse und parasitäre Krankheiten (A, B)

A00	(A00–A09)	Infektiöse Darmkrankheiten
A15	(A15–A19)	Tuberkulose
A20	(A20–A28)	Bestimmte bakterielle Zoonosen
A30	(A30–A49)	Sonstige bakterielle Krankheiten
A50	(A50–A64)	Infektionen, die vorwiegend durch Geschlechtsverkehr übertragen werden
A65	(A65–A69)	Sonstige Spirochätenkrankheiten
A70	(A70–A74)	Sonstige Krankheiten durch Chlamydien
A75	(A75–A79)	Rickettsiosen
A80	(A80–A89)	Virusinfektionen des Nervensystems
A90	(A90–A99)	Durch Arthropoden übertragene und hämorrhagische Viruskrankheiten
B00	(B00–B09)	Virusinfektionen, die durch Haut- und Schleimhautläsionen gekennzeichnet sind
B15	(B15–B19)	Virushepatitis
B20	(B20–B24)	Human Immunodeficiency Virus (HIV)-Krankheiten
B25	(B25–B34)	Sonstige Viruskrankheiten
B35	(B35–B49)	Mykosen
B50	(B50–B64)	Protozoenkrankheiten
B65	(B65–B83)	Helminthosen
B85	(B85–B89)	Pedikulose (Läusebefall), Acariasis (Milbenbefall) und sonstiger Befall
B90	(B90–B94)	Folgezustände von infektiösen und parasitären Krankheiten
B95	(B95–B98)	Bakterien, Viren und sonstige Infektionserreger
B99	(B99)	Sonstige Infektionskrankheiten

Kapitel II: Neubildungen (C00-D48)

C00	(C00–C76)	Bösartige Neubildungen primären oder vermutlich primären Ursprungs, an genau bezeichneten Lokalisationen, ausgenommen des lymphoiden, blutbildenden und verwandten Gewebes
C00	(C00–C14)	Bösartige Neubildungen der Lippe, der Mundhöhle und des Pharynx
C15	(C15–C26)	Bösartige Neubildungen der Verdauungsorgane
C30	(C30–C39)	Bösartige Neubildungen der Atmungsorgane und der intrathorakalen Organe
C40	(C40–C41)	Bösartige Neubildungen des Knochens und des Gelenkknorpels
C43	(C43–C44)	Melanom und sonstige bösartige Neubildungen der Haut
C45	(C45–C49)	Bösartige Neubildungen des mesothelialen Gewebes und des Weichteilgewebes
C50	(C50)	Bösartige Neubildungen der Brustdrüse
C51	(C51–C58)	Bösartige Neubildungen der weiblichen Genitalorgane
C60	(C60–C63)	Bösartige Neubildungen der männlichen Genitalorgane
C64	(C64–C68)	Bösartige Neubildungen des Harnsystems
C69	(C69–C72)	Bösartige Neubildungen des Auges, des Gehirns und sonstiger Teile des Zentralnervensystems
C73	(C73–C75)	Bösartige Neubildungen der Schilddrüse und sonstiger endokriner Drüsen
C76		Bösartige Neubildungen ungenau bezeichneter Lokalisationen, sekundärer und nicht näher bezeichneter Lokalisationen
C77	(C77–C79)	Bösartige Neubildungen sekundären oder vermutlich sekundären Ursprungs oder Metastasen
C80		Bösartige Neubildungen ohne nähere Angabe der Lokalisation. Wenn keine nähere Angabe der ursprünglichen Lokalisation des Krebses vorliegt, gilt die primäre Lokalisation als unbekannt. Ist der Krebs "disseminiert", ausgebreitet oder auf den gesamten Körper verstreut (Carcinosis) und ist die primäre Lokalisation nicht angegeben, gilt die primäre Lokalisation ebenfalls als unbekannt.
C81	(C81–C96)	Bösartige Neubildungen des lymphoiden, blutbildenden und verwandten Gewebes
C97		Bösartige Neubildungen (Primärtumoren) an mehreren Lokalisationen
D00	(D00–D09)	In-situ-Neubildungen
D10	(D10–D36)	Gutartige Neubildungen

Vierte Achse

Kapitel III: **Krankheiten des Blutes und der blutbildenden Organe sowie bestimmte Störungen mit Beteiligung der Immunreaktion (D50–D89)**

D50	(D50–D53)	Alimentäre Anämien
D55	(D55–D59)	Hämolytische Anämien
D60	(D60–D64)	Aplastische und andere Anämien
D65	(D65–D69)	Gerinnungsstörungen, Purpura und sonstige hämorrhagische Zustände
D70	(D70–D76)	Sonstige Krankheiten des Blutes und der blutbildenden Organe
D80	(D80–D89)	Bestimmte Krankheiten mit Beteiligung der Immunreaktion

Kapitel IV: **Endokrine, Ernährungs- und Stoffwechselkrankheiten (E)**

E00	(E00–E07)	Krankheiten der Schilddrüse
E10	(E10–E14)	Diabetes mellitus
E15	(E15–E16)	Sonstige Störungen der Glucose-Steuerung
E20	(E20–E35)	Krankheiten sonstiger endokriner Drüsen
E40	(E40–E46)	Mangelernährung
E50	(E50–E64)	Sonstige alimentäre Mangelzustände
E65	(E65–E68)	Fettsucht und sonstige Überernährung
E70	(E70–E90)	Stoffwechselkrankheiten

Kapitel V: **Psychische Störungen (F)**

Diese Störungen finden sich auf der Ersten Achse dieses Multiaxialen Klassifikationsschemas (S. 21ff).

Kapitel VI: Krankheiten des Nervensystems (G)

G00–G09 **Entzündliche Krankheiten des Zentralnervensystems**

G00 (–G03) **Bakterielle Meningitis, nicht andernorts klassifizierbar**

Inkl.: Leptomeningopathia chronica circumscripta adhaesiva sive cystica } bakteriell

G04 (–G05) **Enzephalitis, Myelitis und Enzephalomyelitis**

Inkl.: Akute aszendierende Myelitis
Meningoenzephalitis
Meningomyelitis
Exkl.: Myelitis acuta diffusa seu transversa (G37.3)
Benigne myalgische Enzephalomyelitis (G93.3)
Enzephalopathie, nicht näher bezeichnet (G93.4)
Multiple Sklerose (G35)
Foix-Alajouanine-Krankheit (G37.4)
Toxische Enzephalopathie (G92)

G06 (–G07) **Intrakranielle und intraspinale Abszesse und Granulome**

G08 **Intrakranielle und intraspinale Phlebitis und Thrombophlebitis**

Endophlebitis
Phlepitis, septisch oder eitrig
Thrombophlebitis
Thrombose
} kavernöse, sagittale oder sonstige intrakranielle oder nicht näher bezeichnete intrakranielle venöse Sinus und Venen

Exkl.: Bezeichnet als: Ursache eines Zentralinfarktes (I63.–)
Komplikation von Schwangerschaft, Geburt oder Wochenbett (O8.7, O22, O87)
nichtpyogen (I67.6)

G09 Folgen von entzündlichen Krankheiten des Zentralnervensystems

Hinweis: Diese Kategorie ist zu benutzen, um Krankheitszustände, deren primäre Klassifizierung unter G00–G06 erfolgt, als Ursache von Folgen zu kennzeichnen, die selbst andernorts klassifizierbar sind. Zu den "Folgen" zählen Krankheitszustände, die als solche bezeichnet sind oder die ein Jahr oder länger nach Beginn des verursachenden Krankheitszustandes bestehen.

G10– Systematrophien, die vorwiegend
G13 das Zentralnervensystem betreffen

G10 Huntington-Krankheit

Chorea Huntington

G11 Hereditäre Ataxie und Paraplegie

G12 Spinale Muskelatrophie und verwandte Syndrome

G13* Systematrophien bei andernorts klassifizierten Krankheiten, die vorwiegend das Zentralnervensystem betreffen

G20– Extrapyramidale Krankheiten und Bewegungsanomalien
G26

G20 Parkinson-Krankheit

Hemiparkinson
Paralysis agitans
Parkinsonismus oder Parkinson-Krankheit:
   ohne nähere Angabe
   idiopathisch
   primär

G21 Sekundärer Parkinsonismus

G22* Parkinsonismus bei andernorts klassifizierten Krankheiten

Parkinson bei Syphilis (A52.1)

G24 Dystonie

Inkl.: Dyskinesie

---

* Falls gewünscht, kann die zusätzliche Kodierung für die zugrundeliegende Erkrankung verwendet werden.

G24.0 Arzneimittelinduzierte Dystonie und Dyskinesie
Soll das Arzneimittel angegeben werden, ist zusätzlich eine
Schlüsselnummer aus Kapitel XX zu benutzen

G24.1 Idiopathische familiäre Dystonie
Idiopathische Dystonie ohne nähere Angabe

G24.2 Idiopathische nichtfamiliäre Dystonie

G24.3 Torticollis spasticus

G24.4 Idiopathische orofaziale Dystonie
Orofaziale Dyskinesie

G24.5 Athetotische zerebrale Lähmung

G24.6 Blepharospasmus
Dyskinesia tarda

G24.9 Dystonie, nicht näher bezeichnet
Dyskinesie ohne nähere Angabe

G25 Sonstige, nicht durch Parkinsonismus bedingte extrapyramidale Krankheiten und Bewegungsanomalien

G25.0 Arzneimittelinduzierter Tremor
Soll das Arzneimittel angegeben werden, ist zusätzlich eine
Schlüsselnummer aus Kap. XX zu benutzen

G25.1 Essentielle und sonstige näher bezeichnete Tremorformen
Exkl.: Tremor ohne nähere Angabe (R25.1)

G25.2 Arzneimittelinduzierter Myoklonus
Soll das Arzneimittel angegeben werden, ist zusätzlich eine
Schlüsselnummer aus Kap. XX zu benutzen

G25.3 Sonstiger Myoklonus
Myoklonus ohne nähere Angabe
Exkl.: Faziale Myokymie (G51.4)
Myoklonusepilepsie (G40.–)

G25.4 Arzneimittelinduzierte Chorea
Soll das Arzneimittel angegeben werden, ist zusätzlich eine
Schlüsselnummer aus Kap. XX zu benutzen

G25.5 Sonstige Chorea
Chorea ohne nähere Angabe
Exkl.: Chorea Huntington (G10)
Rheumatische Chorea (I02.–)
Sydenham-Chorea (I02.–)

G25.6 Arzneimittelinduzierte Tics
Soll das Arzneimittel angegeben werden, ist zusätzlich eine
Schlüsselnummer aus Kap. XX zu benutzen

G25.7 Tics organischen Ursprungs
Exkl.: Tourette-Syndrom (F95.2)
Tics ohne nähere Angabe (F25.9)

G25.8 Sonstige näher bezeichnete, nicht durch Parkinsonismus bedingte extrapyramidale Krankheiten und Bewegungsanomalien
Restless legs
Stiff-man-Syndrom

G25.9 Extrapyramidale Krankheit oder Bewegungsanomalie, nicht näher bezeichnet

G26* Extrapyramidale Krankheiten und Bewegungsanomalien bei andernorts klassifizierten Krankheiten

**G30– Sonstige degenerative Krankheiten des Nervensystems
G32**

G30 Alzheimer-Krankheit

Inkl.: Senile und präsenile Formen
Exkl.: Senile:
Degeneration des Gehirns (G31.1)
Demenz ohne nähere Angabe (F03)
Senilität ohne nähere Angabe (R54)

G31 Sonstige degenerative Krankheiten des Nervensystems

Exkl.: Reye-Syndrom (G93.7)

G32* Sonstige degenerative Krankheiten des Nervensystems bei andernorts klassifizierten Krankheiten

**G35– Demyelinisierende Krankheiten
G37**

G35 Multiple Sklerose
Disseminierte oder multiple Sklerose:
ohne nähere Angabe
Hirnstamm
Rückenmark
generalisiert

G36 Sonstige akute disseminierte Demyelinisation

G37 Sonstige demyelinisierende Krankheiten des Zentralnervensystems

* Falls gewünscht, kann die zusätzliche Kodierung für die zugrundeliegende Erkrankung verwendet werden.

G40– Episodische und paroxysmale Krankheiten
G47

G40 Epilepsien
Exkl.: Landau-Kleffner-Syndrom (F80.3)
Anfall ohne nähere Angabe (R56.9)
Status epilepticus (G41.–)
Todd-Lähmung (G83.8)

G40.0 Lokalisationsbezogene (fokale) (partielle) idiopathische Epilepsien und epileptische Syndrome mit fokal beginnenden Anfällen
Gutartige Epilepsie des Kindesalters mit zentrotemporalen spikes im EEG
Epilepsie des Kindesalters mit okzipitalen Paroxysmen im EEG

G40.1 Lokalisationsbezogene (fokale) (partielle) symptomatische Epilepsien und epileptische Syndrome mit einfachen Partialanfällen
Anfälle ohne Störungen des Bewußtseins
Einfache Partialanfälle mit Entwicklung zu sekundär generalisierten Anfällen

G40.3 Generalisierte idiopathische Epilepsien und epileptische Syndrome
Gutartige:
myoklonische Epilepsie des Kleinkindesalters
Neugeborenenkrämpfe
Absencenepilepsie des Kindesalters (Pyknolepsie)
Epilepsie mit Grand mal-Anfällen beim Aufwachen

Juvenile:
Absencen-Epilepsie
myoklonische Epilepsie (Impulsiv-petit-mal-Epilepsie)
Epileptische Anfälle ohne spezifische Ätiologie:
  atonisch
  klonisch
  myoklonisch
  tonisch
  tonisch-klonisch

G40.5 Spezielle epileptische Syndrome
Epilepsia partialis continua
Epileptische Anfälle, die auf bestimmbare Situationen bezogen sind, wie:
  Alkohol
  Drogen und Arzneimittel
  hormonelle Veränderungen
  Schlafentzug
  Streß
  Kojewnikow-Syndrom

G41 Status epilepticus

G41.0 Grand mal-Status
Status mit tonisch-klonischen Anfällen

G41.1 Petit mal-Status
Absencenstatus

G41.2 Status mit komplexen Partialanfällen

G41.8 Sonstiger Status epilepticus mit spezifischer Ätiologie

G41.9 Status epilepticus ohne spezifische Ätiologie

G43 Migräne

Exkl.: Kopfschmerz ohne nähere Angabe (R51)

G43.0 Migräne ohne Aura [Gewöhnliche Migräne]

G43.1 Migräne mit Aura [Klassische Migräne]

Migräne:
Aura ohne Kopfschmerz
basilar
äquivalent
familiäre Hemiplegie
Hemiplegie

mit:
akut einsetzender Aura
prolongierter Aura
typischer Aura

G43.2 Status migränosus

G43.3 Komplizierte Migräne
mit: zerebraler Infarzierung
Hemiplegie

G43.8 Sonstige Migräne mit spezifischer Ätiologie
Ophthalmoplegische Migräne
Retinale Migräne

G43.9 Migräne mit unspezifischer Ätiologie

G44 Sonstige Kopfschmerzsyndrome

Exkl.: Kopfschmerz ohne nähere Angabe (R51)

G44.0 Erythroprosopalgie
Chronische paroxysmale Hemikranie
Erythroprosopalgie:
chronisch
episodisch

G44.1 Gefäßbedingter (vasomotorischer) Kopfschmerz, nicht näher bezeichnet

G44.2 Spannungskopfschmerz
Chronischer Spannungskopfschmerz
Episodisch auftretender Spannungskopfschmerz
Spannungskopfschmerz ohne nähere Angabe

G44.3 Chronischer posttraumatischer Kopfschmerz

G44.8 Sonstige näher bezeichnete Kopfschmerzsyndrome

G45 Transitorische zerebrale ischämische Anfälle und verwandte Syndrome

G46* Syndrome der Hirngefäße bei zerebrovaskulären Krankheiten
(I60–I69)

G47 Schlafstörungen (organisch)

Exkl.: Psychogene Schlafstörungen (F51.–)
Nachtwandeln (F51.3)

G47.0 Ein- und Durchschlafstörungen [Asomnie]

G47.1 Übermäßige Somnolenz (Hypersomnie)

G47.2 Störungen des Schlaf-Wach-Rhythmus
Syndrom der verzögerten Schlafphase
Unregelmäßiger Schlaf-Wach-Rhythmus

G47.3 Schlaf-Apnoe
Undine-Syndrom
Schlaf-Apnoe:
 zentral
 obstruktiv
Exkl.: Pickwick-Syndrom (E66.3)
Schlaf-Apnoe beim Neugeborenen (P28.3)

G47.4 Narkolepsie und Kataplexie

G47.8 Sonstige Schlafstörungen (organisch)
Kleine-Levin-Syndrom

G47.9 Schlafstörung, nicht näher bezeichnet

Vierte Achse

---

* Falls gewünscht, kann die zusätzliche Kodierung für die zugrundeliegende Erkrankung verwendet werden.

G50– **Krankheiten von Nerven, Nervenwurzeln und Plexus**
G59

Exkl.: Akute Verletzung von Nerven, Nervenwurzeln und Plexus – siehe Nervenverletzung nach Lokalisation

Krankheit:
N. vestibulocochlearis [VIII. Hirnnerv] (H93.3)
N. oculomotorius [III. Hirnnerv] (H49.0)
N. trochlearis [IV. Hirnnerv] (H49.1)
N. abducens [VI. Hirnnerv] (H49.2)
N. opticus [II. Hirnnerv] (H46, H47)
Neuralgie ⎱ ohne nähere Angabe
Neuritis ⎰
Radikulitis ohne nähere Angabe (M54.1)
Neuritis peripherer Nerven während der Schwangerschaft (O26.8)

G60– **Polyneuropathien und sonstige Krankheiten**
G64 **des peripheren Nervensystems**

Exkl.: Neuralgie ohne nähere Angabe (M79.2)
Neuritis ohne nähere Angabe (M79.2)
Neuritis peripherer Nerven während der Schwangerschaft (O26.8)
Radikulitis ohne nähere Angabe (M54.1)

G64 **Sonstige und nicht näher bezeichnete Krankheiten des peripheren Nervensystems**

G70– **Krankheiten im Bereich der akzessorischen**
G73 **und motorischen Endplatten**

G80– **Zerebrale Lähmung und Lähmungssyndrome**
G83

G80 **Infantile Cerebralparese**

Inkl.: Zerebrale Lähmung ohne nähere Angabe
Little Syndrom

Exkl.: Athetotische zerebrale Lähmung (G24.5)
Hereditäre zerebrale Lähmung, z.B. hereditäre spastische Paraplegie (G11.4)

G80.0 Spastische Cerebralparese
Konnatale spastische Lähmung (zerebral)

G80.1 Spastische Diplegie

G80.2 Hemiplegia spastica infantilis

G80.3 Dyskinetische Cerebralparese

G80.4 Ataktische Cerebralparese

G80.8 Sonstige infantile Cerebralparese
Mischsyndrome

G80.9 Infantile Cerebralparese, nicht näher bezeichnet

G81 Hemiplegie

Hinweis: Diese Kategorie ist nur dann zur unikausalen Verschlüsselung zu benutzen, wenn eine Hemiplegie (komplett, inkomplett) nicht näher bezeichnet ist oder wenn sie alt oder langandauernd ist, die Ursache jedoch nicht feststeht.
Diese Kategorie ist zur multiplen Verschlüsselung zu benutzen, um die durch eine beliebige Ursache hervorgerufenen Zustände zu kennzeichnen.

G81.0 Schlaffe Hemiplegie

G81.1 Spastische Hemiplegie

G81.9 Hemiplegie, nicht näher bezeichnet

G82 Paraplegie und Tetraplegie

Hinweis: Diese Kategorie ist nur dann zur unikausalen Verschlüsselung zu benutzen, wenn die aufgeführten Zustände nicht näher bezeichnet sind oder wenn sie alt oder langandauernd sind, die Ursache jedoch nicht feststeht.
Diese Kategorie ist zur multiplen Verschlüsselung zu benutzen, um die durch eine beliebige Ursache hervorgerufenen Zustände zu kennzeichnen.

G82.0 Paraplegie
Lähmung beider unterer Extremitäten
Paraplegie (untere)

G82.1 Tetraplegie
"Quadriplegia"

G83 Sonstige Lähmungssyndrome

Hinweis: Diese Kategorie ist nur dann zur unikausalen Verschlüsselung zu benutzen, wenn die aufgeführten Zustände nicht näher bezeichnet sind oder wenn sie alt oder langandauernd sind, die Ursache jedoch nicht feststeht.

Diese Kategorie ist zur multiplen Verschlüsselung zu benutzen, um die durch eine beliebige Ursache hervorgerufenen Zustände zu kennzeichnen.
Inkl.: Lähmung (komplett, inkomplett)
Exkl.: wie unter G80–G82 aufgeführt

G83.0 Diplegie der oberen Extremitäten
Diplegie (obere)
Lähmung beider oberen Extremitäten

G83.1 Monoplegie einer unteren Extremität
Lähmung eines Beines
Monoplegie einer oberen Extremität
Lähmung eines Armes

G83.3 Nicht näher bezeichnete Monoplegie

G83.4 Cauda equina-Syndrom
Neurogene Blasenentleerungsstörungen bei Cauda-equina-Syndrom
Exkl.: Reflexblase ohne nähere Angabe (G95.8)

G83.8 Sonstige näher bezeichnete Lähmungssyndrome
Todd-Paralyse (postepileptisch)

G83.9 Lähmungssyndrome, nicht näher bezeichnet

**G90– Sonstige Krankheiten des Nervensystems
G99**

G90 Krankheiten des autonomen Nervensystems

G91 Hydrocephalus
Exkl.: Hydrocephalus congenitus (Q03.0)

G92 Toxische Enzephalopathie

G93 Sonstige Krankheiten des Gehirns, nicht andernorts klassifizierbar (Gehirnzysten, anoxische Hirnschädigung etc.)

G94* Sonstige Krankheiten des Gehirns bei andernorts klassifizierten Krankheiten (bei Infektionen, Tumoren etc.)

G95 Sonstige Krankheiten des Rückenmarkes, nicht andernorts klassifizierbar
Exkl.: Myelitis (G04.–)

G96 Sonstige Krankheiten des Zentralnervensystems, nicht andernorts klassifizierbar

G97 Krankheiten des Nervensystems nach Operationen und medizinischen Maßnahmen, nicht andernorts klassifizierbar

G98 Sonstige Krankheiten des Nervensystems (ZNS u. peripheres), nicht andernorts klassifizierbar

G99* Sonstige Krankheiten des Nervensystems bei andernorts klassifizierten Krankheiten

* Falls gewünscht, kann die zusätzliche Kodierung für die zugrundeliegende Erkrankung verwendet werden.

Kapitel VII: Krankheiten des Auges und der Augenanhangsgebilde (H00–H59)

H00	(H00–H06)	Krankheiten der Augenlider, des Tränensystems und der Orbita
H10	(H10–H13)	Krankheiten der Conjunctiva
H15	(H15–H22)	Krankheiten der Sklera, der Hornhaut, der Iris und des Ziliarkörpers
H25	(H25–H28)	Krankheiten der Linse
H30	(H30–H36)	Krankheiten der Aderhaut und der Netzhaut
H40	(H40–H42)	Glaukom
H43	(H43–H45)	Krankheiten des Glaskörpers und des Augapfels
H46	(H46–H48)	Krankheiten des Nervus opticus und der Sehbahn
H49	(H49–H52)	Krankheiten der Augenmuskeln, Störungen der Bewegungen beider Augen sowie Akkomodationsstörungen und Refraktionsfehler
H53	(H53–H54)	Sehstörungen und Blindheit
H55	(H55–H59)	Sonstige Krankheiten des Auges und der Augenanhangsgebilde

Kapitel VIII: Krankheiten des Ohres und des Warzenfortsatzes (H60–H95)

H60	(H60–H62)	Krankheiten des äußeren Ohres
H65	(H65–H75)	Krankheiten des Mittelohres und des Warzenfortsatzes
H80	(H80–H83)	Krankheiten des Innenohres
H90	(H90–H95)	Sonstige Krankheiten des Ohres

Kapitel IX: Krankheiten des Kreislaufsystems (I)

I00	(I00–I02)	Akutes rheumatisches Fieber
I05	(I05–I09)	Chronische rheumatische Herzkrankheit
I10	(I10–I15)	Hypertonie (Hochdruckkrankheit)
I20	(I20–I25)	Ischämische Herzkrankheiten
I26	(I26–I28)	Pulmonale Herzkrankheiten und Krankheiten des Lungenkreislaufs
I30	(I30–I52)	Sonstige Formen der Herzkrankheit
I60	(I60–I69)	Zerebrovaskuläre Krankheiten
I70	(I70–I79)	Krankheiten der Arterien, Arteriolen und Kapillaren
I80	(I80–I89)	Krankheiten der Venen und Lymphgefäße
I95	(I95–I99)	Sonstige und nicht näher bezeichnete Krankheiten des Kreislaufsytems

Vierte Achse

Kapitel X: Krankheiten des Atmungssystems (J)

J00	(J00–J06)	Akute Infektionen der oberen Atemwege
J10	(J10–J21)	Akute Infektionen der unteren Atemwege
J30	(J30–J39)	Sonstige Krankheiten der oberen Atemwege
J40	(J40–J47)	Chronische Krankheit der unteren Atemwege
J60	(J60–J70)	Lungenkrankheiten durch äußere Substanzen
J80	(J80–J84)	Sonstige Krankheiten der Atmungsorgane, die hauptsächlich das Interstitium betreffen
J85	(J85–J86)	Purulente und nekrotisierende Krankheitszustände der unteren Atemwege
J90	(J90–J94)	Sonstige Krankheiten der Pleura
J95	(J95–J99)	Sonstige Krankheiten des Atmungssystems

Kapitel XI: Krankheiten des Verdauungssystems (K)

K00	(K00–K14)	Krankheiten der Mundhöhle, der Speicheldrüsen und der Kiefer
K20	(K20–K31)	Krankheiten des Ösophagus, des Magens und des Duodenums
K35	(K35–K38)	Krankheiten der Appendix
K40	(K40–K46)	Hernien
K50	(K50–K52)	Nichtinfektiöse Enteritis und Colitis
K55	(K55–K63)	Sonstige Krankheiten des Darmes
K65	(K65–K67)	Krankheiten des Peritoneums
K70	(K70–K77)	Krankheiten der Leber
K80	(K80–K87)	Krankheiten der Gallenblase, der Gallengänge und des Pankreas
K90	(K90–K93)	Sonstige Krankheiten des Verdauungssystems

Kapitel XII: Krankheiten der Cutis und der Subkutis (L)

L00	(L00–L08)	Infektionen der Cutis und der Subkutis
L10	(L10–L14)	Bullöse Dermatosen
L20	(L20–L30)	Dermatitis und Ekzem
L40	(L40–L45)	Papulosquamöse Hautkrankheiten
L50	(L50–L54)	Urtikaria und Erythem
L55	(L55–L59)	Krankheiten der Cutis und der Subkutis durch Strahleneinwirkung
L60	(L60–L75)	Krankheiten der Hautanhangsgebilde
L80	(L80–L99)	Sonstige Krankheiten der Cutis und der Subkutis

Kapitel XIII: Krankheiten des Muskel-Skelett-Systems und des Bindegewebes (M)

M00	(M00–M03)	Infektiöse Arthropathien
M05	(M05–M14)	Entzündliche Polyarthropathien
M15	(M15–M19)	Arthrose
M20	(M20–M25)	Sonstige Gelenkkrankheiten
M30	(M30–M36)	Systemerkrankungen des Bindegewebes
M40	(M40–M44)	Deformitäten der Wirbelsäule und des Rückens
M45	(M45–M49)	Spondylopathien
M50	(M50–M54)	Sonstige Krankheiten der Wirbelsäule und des Rückens
M60	(M60–M63)	Krankheiten der Muskeln
M65	(M65–M68)	Krankheiten der Synovialis und der Sehnen
M70	(M70–M79)	Sonstige Krankheiten des Weichteilgewebes
M80	(M80–M85)	Veränderungen der Knochendichte und -struktur
M86	(M86–M90)	Sonstige Osteopathien
M91	(M91–M94)	Chondropathien
M95	(M95–M99)	Sonstige Krankheiten des Muskel-Skelett-Systems und des Bindegewebes

Kapitel XIV: Krankheiten des Urogenitalsystems (N)

N00	(N00–N08)	Glomeruläre Erkrankungen
N10	(N10–N16)	Tubulo-interstitielle Nierenkrankheiten
N17	(N17–N19)	Nierenversagen
N20	(N20–N23)	Urolithiasis
N25	(N25–N29)	Sonstige Krankheiten der Niere und des Ureters
N30	(N30–N39)	Sonstige Krankheiten des Harnsystems
N40	(N40–N51)	Krankheiten der männlichen Genitalorgane
N60	(N60–N64)	Krankheiten der Mamma
N70	(N70–N77)	Entzündliche Krankheiten der weiblichen Beckenorgane
N80	(N80–N99)	Nichtentzündliche Krankheiten des weiblichen Genitaltraktes

Vierte Achse

Kapitel XV: Schwangerschaft, Geburt und Wochenbett (O)

O00	(O00–O08)	Schwangerschaft mit abortivem Ausgang
O10	(O10–O16)	Ödeme, Proteinurie und Hochdruck während der Schwangerschaft, der Geburt und des Wochenbettes
O20	(O20–O29)	Sonstige Krankheiten der Mutter, die vorwiegend mit der Schwangerschaft verbunden sind
O30	(O30–O48)	Betreuung der Mutter im Hinblick auf den Feten und die Amnionhöhle sowie mögliche Entbindungskomplikationen
O60	(O60–O75)	Komplikationen bei Wehen und Entbindung
O80	(O80–O84)	Entbindungsmethode
O85	(O85–O92)	Komplikationen, die vorwiegend im Wochenbett auftreten
O95	(O95–O99)	Sonstige geburtshilfliche Krankheitszustände, die nicht andernorts klassifiziert sind

Kapitel XVI: Bestimmte in der Perinatalperiode entstandene Zustände (P)

P00	(P00–P04)	Schädigung des Feten oder Neugeborenen durch mütterliche Faktoren und Komplikationen von Schwangerschaft, Wehen und Entbindung
P05	(P05–P08)	Störungen im Zusammenhang mit der Schwangerschaftsdauer und dem fetalen Wachstum
P10	(P10–P15)	Geburtstrauma
P20	(P20–P29)	Krankheiten des Atmungs- und Herz-Kreislaufsystems, die für die Perinatalperiode spezifisch sind
P35	(P35–P39)	Infektionen, die für die Perinatalperiode spezifisch sind
P50	(P50–P61)	Hämorrhagische und Blutkrankheiten beim Feten oder Neugeborenen
P70	(P70–P74)	Transitorische endokrine und Stoffwechselkrankheiten, die für den Feten oder das Neugeborene spezifisch sind
P75	(P75–P78)	Krankheiten des Verdauungssystems beim Feten oder Neugeborenen
P80	(P80–P83)	Krankheitszustände der Haut und Störungen der Temperaturregulation beim Feten oder Neugeborenen
P90	(P90–P95)	Sonstige in der Perinatalperiode entstandene Krankheiten

Kapitel XVII: Angeborene Mißbildungen, Deformitäten und Chromosomenanomalien (Q)

Q02 Mikrozephalie

Q03.x Hydrocephalus congenitus

Q04.x Sonstige angeborene Mißbildungen des Gehirns

Q05.x Spina bifida

Q75.x Andere angeborene Mißbildungen der Schädel- und Gesichtsschädelknochen

Q85 Phakomatosen, nicht andernorts klassifizierbar

Q85.0 Neurofibromatosen
Q85.1 Tuberöse (Hirn-) Sklerose

Q90 Down-Syndrom

Q90.0 Trisomie 21, meiotische Nondisjunction
Q90.1 Trisomie 21, Mosaik (mitotische Nondisjunction)
Q90.2 Trisomie 21, Chromosomentranslokation
Q90.9 Down-Syndrom, nicht näher bezeichnet

Q91.x Edwards-Syndrom und Patau-Syndrom

Q96.x Turner-Syndrom

Q97.x Andere Aberration der Gonosomen weiblichen Phänotyps, nicht andernorts klassifizierbar

Q98 Sonstige Aberration der Gonosomen männlichen Phänotyps, nicht andernorts klassifizierbar

Q98.0 Klinefelter-Syndrom, Karyotyp 47, XXY
Q98.1 Klinefelter-Syndrom, männlicher Phänotyp mit mehr als zwei X-Chromosomen
Q98.2 Klinefelter-Syndrom, männlicher Phänotyp mit Karyotyp 46, XX
Q98.4 Klinefelter-Syndrom, nicht näher bezeichnet

Q99 Andere Chromosomenaberration, nicht andernorts klassifizierbar

Kapitel XVIII: Symptome, Zeichen und abnorme klinische und Laborbefunde, die nicht andernorts klassifiziert sind (R)

Krankheitsgruppen:

R00	(R00–R04)	Symptome, die das Kreislaufsystem betreffen
R05	(R05–R09)	Symptome, die das Atmungssystem betreffen
R10	(R10–R19)	Symptome, die das Verdauungssystem betreffen
R20	(R20–R23)	Symptome, die die Haut und das sonstige Integumentgewebe betreffen
R25	(R25–R29)	Symptome, die das Nervensystem und das Muskel-Skelett-System betreffen
R30	(R30–R39)	Symptome, die das Harnsystem betreffen
R40	(R40–R46)	Symptome, die das Erkennungs- und Wahrnehmungsvermögen, die Emotionen und das Verhalten betreffen
R47	(R47–R49)	Symptome, die die Sprache und die Stimme betreffen
R50	(R50–R69)	Allgemeine Symptome
R70	(R70–R79)	Abnorme Blutuntersuchungsbefunde ohne Vorliegen einer Diagnose
R80	(R80–R82)	Abnorme Urinuntersuchungsbefunde ohne Vorliegen einer Diagnose
R83	(R83–R89)	Abnorme Befunde ohne Vorliegen einer Diagnose bei der Untersuchung anderer Körperflüssigkeiten, Substanzen und Gewebe
R90	(R90–R94)	Abnorme Befunde ohne Vorliegen einer Diagnose bei Diagnostik und Funktionsprüfungen
R95	(R95–R99)	Ungenau bezeichnete und unbekannte Ursachen der Mortalität

Kapitel XIX: Verletzungen, Vergiftungen und bestimmte andere Folgen äußerer Ursachen (S,T)

Krankheitsgruppen:

S00	(S00-S09)	Verletzungen des Kopfes
S10	(S10-S19)	Verletzungen des Halses
S20	(S20-S29)	Verletzungen des Thorax
S30	(S30-S39)	Verletzungen des Abdomens, der Kreuzbeingegend, der Lendenwirbelsäule und des Beckens
S40	(S40-S49)	Verletzungen der Schulter und des Oberarmes
S50	(S50-S59)	Verletzungen des Unterarmes, mit Ausnahme des

		Handgelenkes und der Hand
S60	(S60-S69)	Verletzungen des Handgelenkes und der Hand
S70	(S70-S79)	Verletzungen der Hüfte und des Oberschenkels
S80	(S80-S89)	Verletzungen des Knies und des Unterschenkels
S90	(S90-S99)	Verletzungen des Knöchels und des Fußes
T00	(T00-T06)	Verletzungen mehrerer Körperregionen
T07	(T07-T11)	Verletzungen nicht näher bezeichneter Teile des Rumpfes, der Extremitäten oder anderer Körperregionen
T12	(T12-T19)	Folgen des Eindringens eines Fremdkörpers durch eine natürliche Köperöffnung
T20	(T20-T32)	Verbrennungen und Verätzungen
T33	(T33-T35)	Erfrierungen
T36	(T36-T50)	Vergiftungen durch Arzneimittel, Drogen und biologisch aktive Stoffe
T51	(T51-T65)	Toxische Wirkungen von vorwiegend medizinisch nicht gebräuchlichen Substanzen
T66	(T66-T78)	Sonstige und nicht näher bezeichnete Wirkungen äußerer Ursachen
T79	(T79)	Bestimmte Frühkomplikationen eines Traumas
T80	(T80-T89)	Komplikationen bei chirurgischen Eingriffen und medizinischer Behandlung
T90	(T90-T98)	Folgen von Verletzungen, Vergiftungen und sonstigen Auswirkungen äußerer Ursachen

Kapitel XX: Äußere Ursachen von Morbidität und Mortalität (V01–Y98)

X60– **Vorsätzliche Selbstbeschädigung**
X84 (einschließlich vorsätzlich selbstzugefügter Schädigung und Suizid)

X60 **Vorsätzliche Selbstvergiftung durch und Exposition gegenüber nicht narkotischen Analgetika, Antipyretika und Antirheumatika**

X61 **Vorsätzliche Selbstvergiftung durch und Exposition gegenüber Antikonvulsiva, Sedativa, Hypnotika, Antiparkinsonmitteln und psychotropen Substanzen, nicht andernorts klassifizierbar**

  einschließlich: – Antidepressiva
   – Barbiturate
   – Neuroleptika (Tranquilizer)
   – Psychostimulantien

X62	**Vorsätzliche Selbstvergiftung durch und Exposition gegenüber Narkotika und Psychodysleptika, nicht andernorts klassifizierbar**
	einschließlich: – Cannabis und Cannabinoide
X63	**Vorsätzliche Selbstvergiftung durch und Exposition gegenüber anderen Arzneimitteln und Substanzen mit Wirkung auf das autonome Nervensystem**
X64	**Vorsätzliche Selbstvergiftung durch und Exposition gegenüber anderen und nicht näher bezeichneten Arzneimitteln und biologisch aktiven Stoffen**
X65	**Vorsätzliche Selbstvergiftung durch Alkohol**
X66	**Vorsätzliche Selbstvergiftung durch Erdölprodukte, andere Lösungsmittel und deren Dämpfe**
X67	**Vorsätzliche Selbstvergiftung durch andere Gase und Dämpfe**
	einschließlich: – Kohlenmonoxyd – Gebrauchsgase
X68	**Vorsätzliche Selbstvergiftung durch Insektizide, Herbizide und andere Schädlingsbekämpfungsmittel**
X69	**Vorsätzliche Selbstvergiftung durch andere und nicht näher bezeichnete Chemikalien und Giftstoffe**
	einschließlich: – aromatische Ätzgifte – Säuren – Ätzalkalien
X70	**Vorsätzliche Selbstbeschädigung durch Erhängen, Erdrosseln und Ersticken**
X71	**Vorsätzliche Selbstbeschädigung durch Eintauchen in Wasser (Ertrinken)**
X72	**Vorsätzliche Selbstbeschädigung durch Faustfeuerwaffen**
X73	**Vorsätzliche Selbstbeschädigung durch Gewehr, Schrotflinte und schwere Feuerwaffen**
X74	**Vorsätzliche Selbstbeschädigung durch andere, nicht näher bezeichnete Feuerwaffen**

X75	Vorsätzliche Selbstbeschädigung durch Explosivstoffe und -vorrichtungen
X76	Vorsätzliche Selbstbeschädigung durch Feuer und Flammen
X77	Vorsätzliche Selbstbeschädigung durch Wasserdampf, heiße Dämpfe und heiße Gegenstände
X78	Vorsätzliche Selbstbeschädigung durch scharfen Gegenstand
X79	Vorsätzliche Selbstbeschädigung durch stumpfen Gegenstand
X80	Vorsätzliche Selbstbeschädigung durch Sturz aus der Höhe
X81	Vorsätzliche Selbstbeschädigung durch Sprung oder Sichlegen vor einen sich bewegenden Gegenstand
X82	Vorsätzliche Selbstbeschädigung durch Unfall mit einem Kraftfahrzeug
X83	Vorsätzliche Selbstbeschädigung auf sonstige, näher bezeichnete Art und Weise

einschließlich: – Unfall mit einem Luftfahrzeug
  – Stromtod
  – extreme Kälte

X84	Vorsätzliche Selbstbeschädigung auf nicht näher bezeichnete Weise
Y40–Y59	Arzneimittel, psychotrope und biologisch aktive Substanzen, die bei therapeutischer Verwendung schädliche Wirkungen verursachen
Y46	Antikonvulsiva und Antiparkinsonmittel
Y46.7	Antiparkinsonmittel
Y47.x	Sedativa, Hypnotika und Tranquilizer
Y49	Psychotrope Substanzen, nicht andernorts klassifizierbar
Y49.0	Trizyklische und tetrazyklische Antidepressiva
Y49.1	Monoaminooxydasehemmende Antidepressiva
Y49.2	Sonstige und nicht näher bezeichnete Antidepressiva
Y49.3	Antipsychotika und Neuroleptika auf Phenothiazinbasis

Vierte Achse

Y49.4 Butyrophenon- und Thiothixenneuroleptika
Y49.5 Sonstige Antipsychotika und Neuroleptika
Y49.6 Psychodysleptika (Halluzinogene)
Y49.7 Psychostimulantien mit Mißbrauchspotential

Y50.x Stimulantien des Zentralnervensystens, nicht andernorts klassifizierbar

Y51.x Vorwiegend auf das autonome Nervensystem wirkende Arzneimittel

Y57.x Andere und nicht näher bezeichnete Drogen und Arzneimittel

Fünfte Achse
Assoziierte aktuelle abnorme psychosoziale Umstände

Es sollen nur jene abnormen psychosozialen Umstände kodiert werden, die zum Zeitpunkt der oder im letzten halben Jahr vor der Untersuchung vorgelegen haben und als *erheblich* eingeschätzt werden müssen. Weiter zurückliegende abnorme psychosoziale Umstände gehören in die Anamnese. Die ganze Breite der Normvarianten in der psychosozialen Umgebung sollte unter der Kodierung 0.0 subsumiert werden.

Die Achse V umfaßt neun Hauptkategorien mit einer unterschiedlichen Zahl von Subkategorien (zweistellige Ziffern). Eine Subkategorie trifft zu, wenn eines der mit Spiegelstrichen bezeichneten Kriterien erfüllt ist.

0.0 Keine abnormen psychosozialen Umstände

1 Abnorme intrafamiliäre Beziehungen

1.0 Mangel an Wärme in der Eltern-Kind-Beziehung

- Elternteil abweisend, uneinfühlsam
- Mangel an Interesse am Kind
- Kein Mitgefühl für Schwierigkeiten des Kindes
- Selten Lob und Ermutigung
- Gereizte Reaktion auf Ängste des Kindes
- Kaum körperliche Nähe bei Nöten des Kindes

1.1 Disharmonie in der Familie zwischen Erwachsenen

- Auseinandersetzungen enden mit gravierendem Kontrollverlust
- Persistierende Atmosphäre gravierender Gewalttätigkeit
- Verlassen des Hauses in Wut oder Aussperrung des anderen

Generalisierung ablehnender oder kritischer Gefühle:
- Beleidigung der Familie, der Freunde, der Herkunft
- Irrelevantes vergangenes Geschehnis zur Herabsetzung verwendet
- Getrenntes Schlafen nach Streit
- Längeres Schweigen nach Streit
- Auswärts Übernachten nach Streit

Persistierende Spannung:
- Häufige negative Bemerkungen
- Stark negative Reaktion auf Bemerkungen des anderen
- Schwach negative Interaktion artet in längere Feindseligkeit aus

1.2 Feindselige Ablehnung oder Sündenbockzuweisung gegenüber dem Kind

(Das negative Verhalten ist ganz persönlich gegen das Kind gerichtet, persistierend und nicht nur auf wenige Verhaltensweisen beschränkt)
- Automatisches Verantwortlichmachen des Kindes für Probleme zu Hause
- Generelle Tendenz, dem Kind negative Merkmale zuzuschreiben
- Allgemeine Beschuldigung mit Erwartung von Missetaten
- Herumhacken auf und Streit mit dem Kind bei schlechter Laune des Erwachsenen
- Im Vergleich zu anderen Haushaltsmitgliedern übermäßige Belastung
- Wenig Aufmerksamkeit dem Kind gegenüber
- Schwere Strafen (z.B. Einsperren im Keller)

1.3 Körperliche Kindesmißhandlung

- Mit Wunden
- Schläge mit harten / scharfen Gegenständen
- Bestrafung mit Kontrollverlust
- Gewalt mit körperlichem Trauma (z.B. Fesselung)

1.4 Sexueller Mißbrauch (innerhalb der Familie)

(Ausgenommen ist Entblößung und Manipulation in soziokulturell akzeptablen Situationen)
- Irgendein Genitalkontakt zwischen Erwachsenem und Kind
- Manipulation an Brust oder Genitalien des Kindes durch Erwachsenen
- Nötigung des Kindes, Genitalien (Brüste) des Erwachsenen zu berühren
- Absichtliches Entblößen der Genitalien vor dem Kind
- Versuch, Genitalien des Kindes zu entblößen
- Physischer Kontakt / Entblößung zwischen Erwachsenem und Kind mit sexueller Erregung

1.8 Andere

2 Psychische Störung, abweichendes Verhalten oder Behinderung in der Familie

Behinderung / abweichendes Verhalten des Familienmitgliedes und potentielles Risiko für das Kind

2.0 Psychische Störung / abweichendes Verhalten eines Elternteils

(Psychische Störung mit deutlicher sozialer Behinderung eines Elternteils mit regelmäßigem Kontakt zum Kind und Beeinträchtigung der Lebensweise des Kindes)
Infolge von psychischer Störung / abweichendem Verhalten des Erwachsenen:
– Soziale Einschränkung des Kindes
– Abnorme, inadäquate Erfüllung der Elternrolle / Erziehung
– Durch deutliche soziale Stigmata veränderte Lebensumstände als direkter Hinweis auf soziales Unvermögen

2.1 Behinderung eines Elternteils
– Geistige Behinderung
– Ernste sensorische Ausfälle
– Schwere Epilepsie
– Chronische körperliche Störungen
– Lebensbedrohliche Erkrankung

Infolge einer der genannten Behinderungen:
– Öffentliche soziale Stigmatisierung des Kindes
– Unzulängliche Versorgung / Aufsicht des Kindes
– Eingeschränktes elterliches Einfühlungsvermögen
– Unpassender Umgang mit Sorgen und Spielen des Kindes
– Familiärer Streit, Spannung
– Nicht gesellschaftsfähiges, peinliches Verhalten
– Einschränkung im sozialen Leben des Kindes
– Überforderung des Kindes

2.2 Behinderung der Geschwister
– Einschränkung im sozialen Leben des Kindes
– Persönlicher Besitz des Kindes durch Geschwister bedroht
– Eingehen der Eltern auf das Kind wegen Behinderung eines anderen gehemmt, verzerrt
– Schwierigkeiten durch Verhalten des behinderten Geschwisters in der Öffentlichkeit
– Hänseln durch andere Kinder wegen Behinderung des Geschwisters
– Physische Störung durch Behinderung des Geschwisters
– Überforderung durch altersinadäquate Verantwortung für behinderte Geschwister

2.8 Andere

3 Inadäquate oder verzerrte intrafamiliäre Kommunikation

Intrafamiliäre Kommunikation deutlich außerhalb normaler Grenzen, gestörte Kommunikationsmuster persistieren und führen zu Fehlanpassungen in Verbindung mit:

- Widersprüchlichen Botschaften
- Zu niemand Bestimmtem sprechen, Nichteingehen auf gerade Gesagtes
- Fruchtlosen Auseinandersetzungen ohne Lösung und Übereinstimmung
- Unangebrachtem Zurückhalten familiärer Schlüsselinformationen
- Regelmäßigem Verleugnen familiärer Schwierigkeiten

4 Abnorme Erziehungsbedingungen

4.0 Elterliche Überfürsorge

Mehrere Punkte aus A und B müssen zutreffen

A Unterdrückung oder Verhinderung unabhängigen Verhaltens:

- Starke Einschränkung der Freizeitbeschäftigung
- Unangemessene Kontrolle über Freundschaften
- Entmutigung, auswärts zu übernachten
- Förderung altersinadäquater Beschäftigung mit dem Kind
- Altersinadäquate Auswahl von Kleidung / Beschäftigungen
- Verbot unabhängiger Entscheidungen des Kindes
- Abnahme altersadäquater Verantwortung des Kindes
- Verhinderung von Freizeitaktivitäten außerhalb direkter Kontrolle und Aufsicht

B Infantilisierung:

- Altersinadäquates Kleiden und Waschen des Kindes
- Regelmäßiges Schlafengehen mit dem Kind
- Altersinadäquates Begleiten zur Schule / anderen Orten
- Ungewöhnlich häufiges, unangemessenes Überprüfen der Freizeitaktivitäten
- Ungewöhnlich häufiges Überprüfen durch Kontakte zum Lehrer
- Unangemessene Vorstellung beim Arzt / ins Bett stecken bei kleineren körperlichen Beschwerden
- Das Kind wird davon abgehalten, sich mit altersentsprechenden Herausforderungen auseinanderzusetzen
- Unangemessene Anwesenheit der Eltern im Krankenhaus bzw. bei Untersuchung des Kindes

- Unangemessenes Abhalten des Kindes von der Teilnahme an gewöhnlichen sportlichen Aktivitäten

(Ausschluß: elterliche Ängste ohne Infantilisierung und Behinderung / Überfürsorge nur auf bestimmte Aktivitäten bezogen oder bei adäquaten Krisensituationen)

4.1 Unzureichende elterliche Aufsicht und Steuerung

A Eltern wissen normalerweise vom Kind nicht bzw. tolerieren:
- Wo es sich außer Haus aufhält
- Welche Freunde das Kind hat
- Aufenthalt / Nachhausekommen abends / nachts
- Altersinadäquates Verweilen ohne Aufsicht außer Haus
- Altersinadäquates Verweilen zu Hause ohne Aufsicht

B Unwirksame elterliche Steuerung:
- Mangel an erkennbaren Alltagsregeln
- Anerkennung / Ermutigung durch Eltern nach Stimmung und Laune
- Erzieherische Maßnahmen ungenau und allgemein
- Widersprüchliche, uneinige Erziehung (elterliche Reaktion unvorhersehbar)
- In erzieherischen Maßnahmen inkonsequent

C Mangel an Einflußnahme auf das Kind:
- Kein Eingreifen bei bekannten gefährdenden Kontakten des Kindes
- Keine elterliche Intervention bei bekannten Verhaltensschwierigkeiten des Kindes
- Keine elterliche Reaktion bei bekannten physischen Gefährdungen des Kindes

(Kodierung, wenn bei einem oder beiden Elternteilen ein gravierendes Beispiel in zwei Gruppen von A–C zutrifft)

4.2 Erziehung, die eine unzureichende Erfahrung vermittelt

A Mangel an Kommunikation:
- Mangel an Unterhaltung mit Familienmitgliedern
- Eltern sprechen nicht mit dem Kind über das, was es interessiert
- Eltern lesen dem Kind selten vor / hören selten zu
- Kaum Unterhaltung bei Mahlzeiten
- Selten Spielen / Balgen
- Ignorieren von Anregungen, die vom Kind ausgehen

B Mangel an Aktivität außerhalb der Wohnung:
- Mangel an Spaziergängen, Besuchen
- Mangel an Aktivitäten wie Sport, Hobbys
- Kaum altersentsprechende Möglichkeiten (Einkäufe, Reisen)

C Beschränkungen, sich aktiv mit der Umwelt zu beschäftigen:
- Verbot von Spielen außerhalb der Wohnung
- Aufenthalt nur in Räumen, ohne Spiel, ohne Unterhaltung
- Kind wird lange sich selbst überlassen
- Unangemessen frühes Zubettgehen

D Mangel an zur Verfügung stehendem Spielzeug:
- Keine altersentsprechenden Spielmaterialien
- Verhinderung der Benützung altersentsprechenden Spielmaterials

Kategorie nur kodieren, wenn Mangel an Interaktionen gegenüber beiden Elternteilen besteht und gewöhnlich mehrere Beispiele aus wenigstens zwei Beispielgruppen (A–D) zutreffen.

4.3 Unangemessene Anforderungen und Nötigungen durch die Eltern

A Dem Geschlecht des Kindes nicht entsprechende Forderungen:
- Bedrängen, sich entsprechend dem anderen Geschlecht zu verhalten
- Bedrängen, sich in extremer Weise dem eigenen Geschlecht entsprechend zu verhalten
- Andauerndes Bedrängen, sich homosexuell zu verhalten bei heterosexuellen Intentionen oder umgekehrt

B Nicht altersentsprechende Nötigungen:
- Bedrängen, sich wesentlich nicht altersentsprechend zu kleiden / zu verhalten
- Dauerndes Anhalten zur Übernahme altersinadäquater Verantwortung
- Unangemessenes Besprechen persönlicher Probleme der Eltern in Gegenwart des Kindes

C Der Persönlichkeit nicht entsprechende Nötigungen (im Gegensatz zu den Bedürfnissen des Kindes):
- Dauerndes Drängen durch die Eltern, bestimmte Tätigkeiten wahrzunehmen
- Andauerndes Verplanen und Beschäftigen des Kindes

Nicht kodieren, wenn das Kind nicht exklusiv eingeschränkt wird oder wenn es einverstanden und erfolgreich ist.

4.8 Andere

5 Abnorme unmittelbare Umgebung

5.0 Erziehung in einer Institution

(nicht wegen der Symptomatik des Kindes, vgl. 9.0)
- Erziehung in Gruppenpflege, Institutionen (außer Internat), Krankenhaus (ohne Eltern)
- Betreuung während der ganzen Werkwoche
- Betreuung während des ganzen Jahres, Schulferien nur zum Teil zu Hause
- Betreuung mindestens 3 Monate

5.1 Abweichende Elternsituation

Durch mindestens 3 Monate Erziehung durch:
- Nicht verwandte Pflegefamilie
- Andere Verwandte
- Alleinstehenden Elternteil
- Nicht-biologische Eltern
- Stiefeltern
- Adoptiveltern
- Wohngemeinschaft (keine abgegrenzte Erziehungsrolle der Eltern)
- Mutter nach künstlicher Befruchtung
- Homosexuelles Paar
- Eltern, ein Elternteil aktiv homosexuell
- Ein Paar mit instabiler Beziehung
- Andere vergleichbare Situation

5.2 Isolierte Familie

A Mangel an befriedigenden Sozialkontakten nach außen:
- Kaum Teilnahme an sozialen Gruppenaktivitäten
- Kaum Teilnahme an Ausflügen mit Nichtverwandten
- Kaum informelle, positive soziale Interaktion mit anderen

B Mangel an Besuchern:
- Seltene Einladungen zu sich nach Hause
- Uneingeladene Gäste werden selten zum Bleiben ermutigt
- Kaum "Schau einfach mal vorbei"-Beziehungen

C Mangel an persönlichen Freundschaften:
- Mangel an vertrauensvollen Beziehungen zu anderen als der Kernfamilie
- Mangel an regelmäßiger Teilnahme an Aktivitäten mit anderen außerhalb der Kernfamilie

D Übergreifen sozialer Isolation auf das Kind:
- Verbot für das Kind, jemanden einzuladen
- Verbot, andere zu besuchen
- *(Nur positiv zu kodieren, wenn A–D durchgehend zutrifft)*

5.3 Lebensbedingungen mit möglicher psychosozialer Gefährdung

A Mögliche schädliche Auswirkungen auf familiäre Interaktionen:
- Mangel an Schlafraum: keine Trennung nachpubertärer Kinder
- Mangel an Schlafraum: Schlafen bei Eltern
- Behelfsmäßiges Wohnen mit Gefahr der Auflösung der Familie

B Mögliche schädliche Auswirkungen außerhalb der Familie:
- Behelfsmäßiges Wohnen zusammen mit anderen Familien
- Behelfsmäßiges Wohnen mit öffentlicher Stigmatisierung der Familie
- Mangel an Einkommen mit persönlicher Beschämung
- Mangel an Einkommen, deswegen Mangel an Aktivitäten

5.8 Andere

6 Akute, belastende Lebensereignisse

(nicht abhängig von der Störung des Kindes)

6.0 Verlust einer liebevollen Beziehung

- Tod einer Person mit Elternrolle
- Trennung vom Elternteil durch Scheidung und ähnliches
- Trennung vom Elternteil durch Krankheit, Arbeitsaufnahme
- Tod eines Geschwisters
- Ungewöhnlicher, anderer Verlust eines Geschwisters
- Tod / Verlust eines besonders guten Freundes
- Tod / Verlust eines geliebten Erwachsenen
- Tod eines geliebten, emotional bedeutsamen Haustieres
- Heftige Zurückweisung durch jemanden, zu dem eine enge Beziehung bestand
- Fehlgeburt oder unerwünschte Schwangerschaft
- Totgeburt oder Tod eines Kindes des / der Jugendlichen

6.1 Bedrohliche Umstände infolge Fremdunterbringung

Trennung von Zuhause, nicht wegen Symptomatik des Kindes
- Aufnahme in einer Pflegestelle
- zweite Krankenhausaufnahme (eine davor im Vorschulalter; jetzige psychiatrische Aufnahme nicht miteingerechnet)

6.2 Negativ veränderte familiäre Beziehung durch neue Familienmitglieder
- Deutliche Abnahme der Eltern-Kind-Interaktion
- Einschränkung der Verfügbarkeit des Elternteils
- Größere Veränderung der familiären Kommunikation in bezug auf die Kindererziehung
- Annahme einer Elternrolle ohne stabile Beziehung zum Kind
- Beeinträchtigung der Nähe durch neue Stiefgeschwister

6.3 Ereignisse, die zur Herabsetzung der Selbstachtung führen
A Versagen bei:
- Funktionen mit starker Auswirkung auf das Selbstbild
- Starkem Engagement
- Widerspiegeln mangelnder Kompetenz

B Enthüllung mit Beschämung / öffentlicher Demütigung bei:
- Illegitimität
- Homosexualität eines Elternteils
- Kriminalität eines Elternteils
- Folgen nach Schwierigkeiten, den Unterhalt zu bestreiten
- Beschämende Umstände einer Schwangerschaft des Kindes

6.4 Sexueller Mißbrauch (außerhalb der Familie)
- Mißbrauchende Person wesentlich älter als das Kind
- Sexuelle Handlung durch Ausnutzung der Autoritätsstellung
- Handlungen gegen den Willen des Kindes

Zusätzlich zur Kodierung erforderlich
- Berührung (auch Versuch) von Brust und Genitalien des Kindes
- Berührung (auch Versuch) der Genitalien des Erwachsenen
- Zurschaustellen der Genitalien des Erwachsenen
- Versuch, das Kind in unangemessener Situation auszuziehen
- Zumindest deutlicher Versuch einer Verführung unter psychisch bedrohlichen Umständen

6.5 Unmittelbar beängstigende Erlebnisse
- Mit unsicherem Ausgang für das Leben (z.B. Entführung)
- Naturkatastrophen mit Lebensgefahr
- Verletzung mit Gefährdung und / oder Herabsetzung des Selbstbildes
- Verletzung in Verbindung mit lang anhaltenden Schmerzzuständen
- Direkter Zeuge eines schweren Unfalls
- Bedrohung des Eigentums mit gleichzeitiger persönlicher Bedrohung
- Zwischenfall mit nachhaltiger sozialer Auswirkung

6.8 Andere

7 Gesellschaftliche Belastungsfaktoren

7.0 Verfolgung oder Diskriminierung

- Schläge oder physische Erniedrigung
- Ausschluß von begehrten Aktivitäten
- Zwang zum Deklarieren durch Kleidung, Aufenthalt mit Ausschlußcharakter
- Jedwede öffentliche Stigmatisierung oder Demütigung

(Kind muß direkt betroffen sein, langfristige Bedrohung und Diskriminierung wegen bestimmter Gruppenzugehörigkeit)

7.1 Migration oder soziale Verpflanzung

- Zum Umzug ohne Familie gezwungen
- Umzug mit Familie mit Verlust der persönlichen Sicherheit
- Umzug in völlig andere Kultur mit neuer Sprache ohne Erhalten der alten Substruktur
- Umzug mit wesentlicher Verschlechterung der sozialen Stellung

(Demütigendes Erzwingen eines Ortswechsels / einschneidender Abbruch persönlicher Beziehungen)

7.8 Andere

8 Chronische zwischenmenschliche Belastung im Zusammenhang mit Schule oder Arbeit

8.0 Abnorme Streitbeziehungen mit Schülern / Mitarbeitern

- Wiederholtes Gequältwerden
- Wiederholtes Bedrohtwerden
- Zwang zur Teilnahme an Handlungen wider Willen
- Erpreßtwerden
- Aktive Ablehnung
- Wiederholte demütigende Ereignisse

8.1 Sündenbockzuweisung durch Lehrer / Ausbilder

- Grundlose Tendenz, das Kind für Probleme in der Schule verantwortlich zu machen
- Wiederholte Kritik mit Abwertung des Kindes
- Allgemeine Tendenz des Zuschreibens negativer Eigenschaften

- Herumhacken auf dem Kind bei schlechter Laune des Erwachsenen
- Unfaire Behandlung im Vergleich mit anderen in der Schule / Arbeitssituation

(Handlungen müssen spezifisch auf das Kind als Person bezogen werden, durchgängig und eindeutig sein)

8.2 Allgemeine Unruhe in der Schule bzw. Arbeitssituation

- Wiederholtes, durchgehend störendes Verhalten
- Ausgeprägter Mangel an Disziplin
- Häufige Streitigkeiten zwischen Lehrern

(Streß rührt nicht von schulischen Schwierigkeiten des Kindes oder aus der Umgebung der Schule her)

8.8 Andere

9 Belastende Lebensereignisse oder Situationen infolge von Verhaltensstörungen oder Behinderungen des Kindes

9.0 Institutionelle Erziehung

(störungsbedingt; analog 5.0)

- Erziehung in Gruppenpflege, Institution (außer Internat), Krankenhaus (ohne Eltern) und
- Betreuung während der ganzen Werkwoche und
- Betreuung während des ganzen Jahres, Schulferien nur zum Teil zu Hause und
- Betreuung mindestens 3 Monate

9.1 Bedrohliche Umstände infolge Fremdunterbringung

(störungsbedingt; analog 6.1)

- Aufnahme in einer Pflegefamilie
- Zweite Krankenhausaufnahme (eine davon im Vorschulalter)

9.2 Ereignisse, die zur Herabsetzung der Selbstachtung führen

(störungsbedingt; analog 6.3)

Versagen bei:
- Funktionen mit starker Auswirkung auf das Selbstbild
- Starkem Engagement
- Widerspiegeln mangelnder Kompetenz

9.8 Andere

(Alle analogen Kodierungen nur bei Abhängigkeit der Ereignisse von der Verhaltensstörung des Kindes)

Sechste Achse
Globalbeurteilung der psychosozialen Anpassung

Diese Skala bezieht sich auf die psychosoziale Anpassung des Patienten zum Zeitpunkt der klinischen Untersuchung. Mit Ausnahme von sehr akuten Störungen (bei denen nur die letzten Tage oder Wochen beurteilt werden) sollten die letzten drei Monate vor der klinischen Untersuchung eingeschätzt werden. Die Kodierung sollte sich auf folgende Bereiche beziehen:

* Beziehungen zu Familienangehörigen, Gleichaltrigen und Erwachsenen außerhalb der Familie;
* Bewältigung von sozialen Situationen (allgemeine Selbständigkeit, lebenspraktische Fähigkeiten, persönliche Hygiene und Ordnung);
* Schulische bzw. berufliche Anpassung;
* Interessen und Freizeitaktivitäten.

0   Hervorragende oder gute soziale Anpassung auf allen Gebieten. Gute zwischenmenschliche Beziehungen zu Familienangehörigen, Gleichaltrigen und zu Erwachsenen außerhalb der Familie; erfolgreiche Bewältigung aller sozialen Situationen und vielfältige Interessen und Freizeitaktivitäten.

1   Befriedigende soziale Anpassung insgesamt, aber mit vorübergehenden oder geringgradigen Schwierigkeiten in lediglich einem oder zwei Bereichen.

2   Leichte soziale Beeinträchtigung. Adäquate Anpassung in den meisten Bereichen, aber leichte Schwierigkeiten in mindestens einem oder zwei Bereichen, die sich z.B. in Schwierigkeiten im Kontakt zu Gleichaltrigen, eingeschränkten sozialen Aktivitäten / Interessen, Schwierigkeiten im Umgang mit den Familienmitgliedern, ineffektiver Bewältigung von sozialen Situationen oder Problemen in den Beziehungen zu Erwachsenen außerhalb der Familie zeigen können.

3   Mäßige soziale Beeinträchtigung in mindestens einem oder zwei Bereichen.

4   Deutliche soziale Beeinträchtigung in mindestens einem oder zwei Bereichen, wie z.B. ausgeprägter Mangel an Freunden oder Unfähigkeit, neue soziale Situationen zu bewältigen.

5   Deutliche und übergreifende (durchgängige) soziale Beeinträchtigung in den meisten Bereichen.

6   Tiefgreifende und schwerwiegende soziale Beeinträchtigung in den meisten Bereichen. Benötigt manchmal Beaufsichtigung / Anleitung durch andere, um alltägliche Anforderungen zu bewältigen; unfähig, alleine zurechtzukommen.

7 Braucht beträchtliche Betreuung. Entweder unfähig zu minimaler körperlicher Hygiene oder braucht zeitweise enge Beaufsichtigung / Betreuung, um Selbst- oder Fremdgefährdung zu vermeiden, oder schwere Beeinträchtigung der Kommunikationsmöglichkeiten.

8 Braucht ständige Betreuung (24-Stunden-Versorgung). Durchgängig unfähig zu minimaler körperlicher Hygiene und / oder ständiges Risiko der Selbst- oder Fremdverletzung oder völliges Fehlen von Kommunikationsmöglichkeiten.

9 Information fehlt.

Diagnoseergänzender Symptomkatalog

Die Einführung des diagnoseergänzenden Symptomkatalogs für Symptome mit klinischer Interventionsdetermination (DSK) wurde notwendig, da es Symptome gibt, die kein essentieller Bestandteil der jeweiligen klinisch-psychiatrischen Hauptdiagnose sind, aber therapeutisch interventionsbedürftige Beeinträchtigungen darstellen.

Darüber hinaus weisen verschiedene Längsschnittstudien nicht nur auf die Behandlungsbedürftigkeit bestimmter Symptome hin, sondern es kann mit Hilfe dieser Studien auch aufgezeigt werden, daß Symptome hinsichtlich ihrer Persistenz im Verhältnis zu Syndromen eine größere Stabilität haben.

Weiterhin bietet der DSK die Möglichkeit, Längsschnittuntersuchungen für wesentliche, nicht in der Hauptdiagnose enthaltene Symptome durchführen zu können, da diese Symptome direkt aufgeführt und präziser definiert werden.

Im diagnoseergänzenden Symptomkatalog, der – weil viele Symptome durch Hauptdiagnosen erfaßt sind – keine vollständige Symptomaufzählung darstellt, sind *vier Gruppen von Symptomen* vertreten:

Die erste Gruppe enthält Symptome, die bei bestimmten klinisch-psychiatrischen Diagnosen einen essentiellen Bestandteil bilden, darüber hinaus aber auch gelegentlich im Zusammenhang mit anderen Diagnosen auftreten und für diese eine bedeutsame Rolle spielen. Ein Beispiel hierfür wären die Stereotypien.

In der zweiten Gruppe finden sich Symptome wie beispielsweise suizidale Handlungen, die niemals einen essentiellen Bestandteil der Hauptdiagnose darstellen.

Die dritte Gruppe enthält Einzelsymptome wie beispielsweise Enuresis, die, wenn sie isoliert auftreten, zwar eine Diagnose bilden, in der Regel aber bei den verschiedensten Zustandsbildern vorhanden sein können und für diese wichtige Komponenten sind.

In der vierten Gruppe finden sich Symptome wie beispielsweise Distanzminderung, die zwar häufig mit bestimmten Diagnosen verbunden, für diese aber keineswegs pathognomonisch sind.

Eine weitere Gruppe, die im DSK allerdings nicht aufgeführt ist, bilden Symptome, die normalerweise keinen Anlaß für eine therapeutische Intervention bilden. Beispiele hierfür wären Störungen der Körperwahrnehmung oder Empathiestörungen.

Die Definitionen der Symptome orientieren sich – soweit das möglich ist – an den Kriterien der ICD-10.

Die Auflistung der Symptome richtet sich nach der Einschätzung der Interventionsbedürftigkeit und nach der Therapieorientierung durch den klinischen Untersucher. Diese Einschätzung ist unabhängig davon, ob die betreffende Symptomatik von den Eltern hervorgehoben wird oder den Anlaß für die Vorstellung bildet. Jedes Symptom sollte unter Beachtung der Differentialdiagnose und der Diagnosekriterien erfaßt werden.

Symptomliste:

1. Suizidale Handlungen
2. Automutilationen
3. Aggressives Verhalten
4. Schulphobie / Schulangst
5. Schulschwänzen
6. Relative Leistungsschwäche in der Schule
7. Stereotypien
8. Tics
9. Enuresis
10. Enkopresis
11. Eßstörungen
12. Schlafstörungen
13. Trennungsprobleme oder Unselbständigkeit
14. Distanzminderung
15. Alkohol-, Drogen- oder Medikamentenmißbrauch
16. Körperliche Begleitsymptome psychischer Störungen
17. Störungen des Sexualverhaltens
18. Delinquenz
19. Zwänge
20. Ängste / Panikattacken / Phobien
21. Andere

Synoptische Tabelle ICD-9, ICD-10, DSM-III-R

Die Tabelle zeigt die Möglichkeiten der *Überführung von DSM-III-R-Diagnosen in ICD-10-Diagnosen und von ICD-10– in ICD-9-Diagnosen*. Diese Überführung ist nur begrenzt möglich, weil DSM-III-R überwiegend engere Symptomdefinitionen vorgibt als ICD-10 und ICD-10 engere als ICD-9. Aussagen über die umgekehrte Überführbarkeit von ICD-9– in ICD-10-Diagnosen und ICD-10– in DSM-III-R-Diagnosen macht die Tabelle nicht. Sie zeigt aber, welche ICD-10-Diagnosen nicht nach ICD-9 überführt werden können. Nicht überführbare DSM-III-R– und ICD-9-Diagnosen sind weggelassen. Vor allem von ICD-9 nach ICD-10 sind die Überführungsmöglichkeiten wesentlich begrenzter, weil ICD-10 deutlich mehr Kategorien bietet, das gilt weniger ausgeprägt auch für ICD-10 gegenüber DSM-III-R. Soweit spezifizierte ICD-10-Diagnosen nur in die Gruppe "Andere" bzw. "Nicht näher bezeichnete" Störungen in ICD-9 überführbar wären, ist das in der Tabelle nicht ausdrücklich aufgeführt, da sich dies immer als Ausweg anbietet. Das gleiche gilt für die Überführbarkeit von DSM-III-R– in die entsprechenden ICD-10-Kategorien, die demgemäß ebenso in der Tabelle fehlen. Die Kategorie "andere" ist in ICD-9 und ICD-10 nur berücksichtigt, wenn dort subsumierbare Störungen im Klassifikationssystem ausdrücklich benannt sind.

Zeichenerklärung:

◁— Diagnose ist mehr oder minder vollständig in eine andere überführbar (vgl. F50.0 nach 307.1).

◁···· Diagnose ist nur partiell in eine andere überführbar (vgl. F00.2 nach 290.1)

△— Vollständige Abdeckung mehrerer ICD-10-Diagnosen durch eine ICD-9-Diagnose im Anschluß an oben genannte vollständig überführbare Diagnose (vgl. F50.0 und F50.1 nach 307.1)

△···· Mehrere Diagnosen aus ICD-10 werden durch eine ICD-9-Diagnose partiell abgedeckt, und zwar im Anschluß an die jeweils darüber genannte partiell überführbare Diagnose (vgl. F02.2 bis F02.8 nach 294.1)

— Nicht von ICD-10 nach ICD-9 überführbare Diagnose (vgl. F00.1); entsprechend: ICD-10-Diagnose ohne Pendant zu DSM-III-R (vgl. die bei DSM-III-R fehlenden kombinierten Diagnosen)

◁···· Aufspaltung einer ICD-10-Diagnose in mehrere ICD-9-Diagnosen (vgl.
◁···· F93.0 nach 309.2 und 300.0) entsprechend: partielle Vereinigung mehrerer DSM-III-R-Diagnosen in einer ICD-10-Diagnose (vgl. 312.00 und 312.20 in F91.2)

III Römische Zahlen verweisen auf Kodierungen auf anderen Achsen des multiaxialen Systems von DSM-III-R bzw. der MAS-Version von ICD-9 (Remschmidt & Schmidt 1986).

ICD-9		ICD-10		DSM-III-R

F0 Organische, einschließlich symptomatischer psychischer Störungen

F00 Demenz bei Alzheimer-Krankheit

290.1	◁···· F00.0	Demenz bei Alzheimer-Krankheit mit frühem Beginn	◁···· 290.xx
	— F00.1	Demenz bei Alzheimer-Krankheit mit spätem Beginn	◁···· 290.xx
290.1	◁···· F00.2	Demenz bei Alzheimer-Krankheit, atypische oder gemischte Form	◁···· 290.xx

F01 Vaskuläre Demenz

290.4	◁···· F01.0	Vaskuläre Demenz mit akutem Beginn	—
	△···· F01.1	Multiinfarktdemenz	◁···· 290.4x
	△···· F01.2	Subkortikale vaskuläre Demenz	—
	△···· F01.3	Gemischte (kortikale und subkortik.) vaskuläre Demenz	◁···· 290.4x

F02 Demenz bei sonstigen, andernorts klassifizierten Erkrankungen

290.1	◁···· F02.0	Demenz bei Pick-Krankheit	◁···· 294.10
294.1	◁···· F02.1	Demenz bei Creutzfeldt-Jakob-Krankheit	◁···· 294.10
	△···· F02.2	Demenz bei Huntington-Krankheit	◁···· 294.10
	△···· F02.3	Demenz bei Parkinson-Krankheit	◁···· 294.10
	△···· F02.4	Demenz bei Krankheit durch das Humane-Immundefizienz-Virus (HIV)	◁···· 294.10
	△···· F02.8	Demenz bei andernorts klassifizierten Krankheiten	◁···· 294.10 (jeweils mit Kod. auf III.)

294.0	◁···· **F04**	**Organisches amnestisches Syndrom, nicht durch Alkohol oder sonstige psychotrope Substanzen bedingt**	◁···· 294.0 (+ Kod. auf III.)

F05 Delir, nicht durch Alkohol oder sonstige psychotrope Substanzen bedingt

291.0	◁···· F05.0	Delir ohne Demenz	◁···· 293.00
	△···· F05.1	Delir bei Demenz	◁···· 293.00 (+ Kod. auf III.)

Sechste Achse

ICD-9		ICD-10	DSM-III-R
	F06	**Sonstige psychische Störungen aufgrund einer Schädigung oder Funktionsstörung des Gehirns oder einer körperlichen Krankheit**	
293.8	◁---- F06.0	Organische Halluzinose	◁---- 293.82
	△.... F06.1	Organische katatone Störung	—
	△.... F06.2	Organische wahnhafte (schizophreniforme) Störung	◁---- 293.81
	△.... F06.30	Organische manische Störung	◁---- 293.83
	△.... F06.31	Organische bipolare Störung	◁---- 293.83
	△.... F06.32	Organische depressive Störung	◁---- 293.83
	△.... F06.33	Organische gemischte affektive Störung	◁---- 293.83 (jeweils + Kod. auf III.)
	— F06.4	Organische Angststörung	◁— 294.80
	— F06.5	Organische dissoziative Störung	—
	— F06.6	Organische emotional labile (asthenische) Störung	—
	— F06.7	Leichte kognitive Störung	—
	F07	**Persönlichkeits- und Verhaltensstörungen aufgrund einer Krankheit, Schädigung oder Funktionsstörung des Gehirns**	
310.0	◁---- F07.0	Organische Persönlichkeitsstörung	◁---- 310.10
	— F07.1	Postenzephalitisches Syndrom	—
310.2	◁---- F07.2	Organisches Psychosyndrom nach Schädelhirntrauma	—

F1 Psychische und Verhaltensstörungen durch psychotrope Substanzen

(F10–F19 bestimmen an 2. Stelle die Substanz)

303.	◁---- F1x.0	Akute Intoxikation	◁---- 291.40
			△.... 303.00
			△.... 305.20
			△.... 305.40-70
			△.... 305.90
305.0–7	◁---- F1x.1	Schädlicher Gebrauch	◁---- 305.00
			△.... 305.20-70

ICD-9		ICD-10		DSM-III-R
303 304.0-6	◁---- F1x..2 ◁----	Abhängigkeitssyndrom		◁---- 303.90 △.... 304.00-60
292.8	◁---- F1x.3	Entzugssyndrom		◁---- 291.80 △.... 292.00
291.0	◁---- F1x.4	Entzugssyndrom mit Delir		◁---- 291.00 △.... 292.00
292.0	◁---- F1x.5 — F1x.50	Psychotische Störung Schizophreniform		—
292.1	◁---- F1x.51	Vorwiegend wahnhaft		◁---- 292.11
291.3	◁---- F1x.52	Vorwiegend halluzinatorisch		◁---- 291.30 ◁---- 292.12 ◁---- 305.30
293.8	◁---- F1x.53	Vorwiegend polymorph		—
	— F1x.54	Vorwiegend depressive Symptome		◁---- 292.84
	— F1x.55	Vorwiegend manische Symptome		◁---- 292.84
	— F1x.56	Gemischt		◁---- 292.84
291.1	◁---- F1x.6	Amnestisches Syndrom		◁---- 291.10 △.... 292.83
	F1x.7	Restzustand und verzögert auftretende psychotische Störung		
	— F1x.70	Nachhallzustände (flashbacks)		◁---- 292.89
	— F1x.71	Persönlichkeits- oder Verhaltensstörungen		◁---- 292.89
	— F1x.72	Affektives Zustandsbild		◁---- 292.84 ◁---- 292.89
291.2	◁---- F1x.73	Demenz		◁---- 291.20 ◁---- 292.82
	— F1x.74	Andere anhaltende kognitive Beeinträchtigung		—
	— F1x.75	Verzögert auftretende psychotische Störung		—

Sechste Achse

ICD-9	ICD-10			DSM-III-R

F2 Schizophrenie, schizotype und wahnhafte Störungen

		F20	**Schizophrenie**	
295.3	◁---- F20.0		Paranoide Schizophrenie	◁---- 295.30–34
295.1	◁---- F20.1		Hebephrene Schizophrenie	◁---- 295.10–14
295.2	◁---- F20.2		Katatone Schizophrenie	◁---- 295.20–24
	— F20.3		Undifferenzierte Schizophrenie	◁---- 295.90–94
	— F20.4		Postschizophrene Depression	—
295.6	◁---- F20.5		Schizophrenes Residuum	◁---- 295.60–64
295.0	◁---- F20.6		Schizophrenia simplex	—
		F21	**Schizotype Störung**	◁---- 301.22
		F22	**Anhaltende wahnhafte Störungen**	
297.0	◁---- F22.0		Wahnhafte Störung	◁---- 297.10
		F23	**Akute, vorübergehende psychotische Störungen**	
	— F23.0		Akute polymorphe psychotische Störung ohne Symptome einer Schizophrenie	—
	— F23.1		Akute polymorphe psychotische Störung mit Symptomen einer Schizophrenie	—
295.4	◁---- F23.2		Akute schizophreniforme psychotische Störung	◁---- 295.40
	— F23.3		Sonstige akute, vorwiegend wahnhafte psychotische Störung	—
297.3	◁---- **F24**		**Induzierte wahnhafte Störung**	◁---- 297.30
		F25	**Schizoaffektive Störungen**	
295.7	◁---- F25.0		Schizomanische Störung	◁---- 295.70
	△.... F25.1		Schizodepressive Störung	◁---- 295.70
	△.... F25.2		Gemischte schizoaffektive Störung	◁---- 295.70

ICD-9		ICD-10		DSM-III-R

F3 Affektive Störungen

		F30	Manische Episode	
	—	F30.0	Hypomanie	—
296.0	◁----	F30.1	Manie ohne psychotische Symptome	◁---- 296.0x
296.0	◁----	F30.2	Manie mit psychotischen Symptomen	◁---- 296.0x

		F31	Bipolare affektive Störung	
	—	F31.0	Gegenwärtig hypomanische Episode	—
296.6	◁----	F31.1	Gegenwärtig manische Episode, ohne psychotische Symptome	◁---- 296.43
	△....	F31.2	Gegenwärtig manische Episode, mit psychotischen Symptomen	◁---- 296.44
296.3	◁----	F31.3	Gegenwärtig mittelgradige oder leichte depressive Episode	◁---- 296.51 ◁---- 296.52
	△....	F31.4	Gegenwärtig schwere depressive Episode ohne psychotische Symptome	◁---- 296.53
	△....	F31.5	Gegenwärtig schwere depressive Episode mit psychotischen Symptomen	◁---- 296.54
296.4	◁----	F31.6	Gegenwärtig gemischte Episode	◁---- 296.6x
	—	F31.7	Gegenwärtig remittiert	◁---- 296.65 ◁---- 296.66

		F32	Depressive Episode	
296.1	◁----	F32.0	Leichte depressive Episode	◁---- 296.21
	△....	F32.1	Mittelgradige depressive Episode	◁---- 296.22
	△....	F32.2	Schwere depressive Episode ohne psychotische Symptome	◁---- 296.23
	△....	F32.3	Schwere depressive Episode mit psychotischen Symptomen	◁---- 296.24

		F33	Rezidivierende depressive Störungen	
296.1	◁----	F33.0	Gegenwärtig leichte Episode	◁---- 296.31
	△....	F33.1	Gegenwärtig mittelgradige Episode	◁---- 296.32
	△....	F33.2	Gegenwärtig schwere Episode ohne psychotische Symptome	◁---- 296.33
	△....	F33.3	Gegenwärtig schwere Episode mit psychotischen Symptomen	◁---- 296.34
	—	F33.4	Gegenwärtig remittiert	◁---- 296.35 ◁---- 296.36

ICD-9		ICD-10		DSM-III-R

		F34	**Anhaltende affektive Störungen**	
301.1	◁----	F34.0	Zyklothymia	◁---- 301.13
300.4	◁----	F34.1	Dysthymia	◁---- 300.40
313.2	◁----			

F4 Neurotische, Belastungs- und somatoforme Störungen

F40 Phobische Störung

300.2	◁---- F40.00	Agoraphobie ohne Panikstörung	◁— 300.22
	△.... F40.01	Agoraphobie mit Panikstörung	◁— 301.21
	△.... F40.1	Soziale Phobien	◁— 300.23
	△.... F40.2	Spezifische (isolierte) Phobien	◁— 300.29

F41 Sonstige Angststörungen

300.0	◁---- F41.0	Panikstörung (episodisch paroxysmale Angst)	◁— 300.01
313.0	◁---- F41.1	Generalisierte Angststörung	◁— 300.02
300.0	◁---- F41.2	Angst und depressive Störung, gemischt	—
	△.... F41.3	Sonstige gemischte Angststörungen	—

F42 Zwangsstörung

300.3	◁---- F42.0	Vorwiegend Zwangsgedanken oder Grübelzwang	◁---- 300.30
	△.... F42.1	Vorwiegend Zwangshandlungen (Zwangsrituale)	◁---- 300.30
	△.... F42.2	Zwangsgedanken und -handlungen, gemischt	◁---- 300.30

F43 Reaktionen auf schwere Belastungen und Anpassungsstörungen

300.8	◁---- F43.0		Akute Belastungsreaktion	—
	— F43.1		Posttraumatische Belastungsstörung	◁---- 309.89
	F43.2		Anpassungsstörungen	
309.0	◁—	.20	Kurze depressive Reaktion	◁---- 309.00
309.1	◁—	.21	Längere depressive Reaktion	◁---- 309.00
309.2	◁----	.22	Angst und depressive Reaktion, gemischt	◁---- 309.28
	△....	.23	Mit vorwiegender Störung anderer Gefühle	◁---- 309.28

ICD-9		ICD-10		DSM-III-R
309.3	◁----	.24	Mit vorwiegender Störung des Sozialverhaltens	◁---- 309.30
309.4	◁—	.25	Mit gemischter Störung von Gefühlen und Sozialverhalten	◁— 309.40

		F44	**Dissoziative Störungen (Konversionsstörungen)**	
300.1	◁----	F44.0	Dissoziative Amnesie	◁— 300.12
	△....	F44.1	Dissoziative Fugue	◁— 300.13
	△....	F44.2	Dissoziativer Stupor	◁---- 300.11
	△....	F44.3	Trance und Besessenheitszustände	◁---- 300.11
	△....	F44.4	Dissoziative Bewegungsstörungen	◁---- 300.11
	△....	F44.5	Dissoziative Krampfanfälle	◁---- 300.11
	△....	F44.6	Dissoziative Sensibilitäts- und Empfindungsstörungen	◁---- 300.11
	△....	F44.7	Dissoziative Störungen (Konversionsstörungen), gemischt	◁---- 300.11
	△....	F44.80	Ganser-Syndrom	◁---- 300.15
	△....	F44.81	Multiple Persönlichkeit	◁---- 300.14
	△....	F44.82	Vorübergehende dissoziative Störungen (Konversionsstörungen) in der Kindheit und Jugend	—

		F45	**Somatoforme Störungen**	
300.8	◁—	F45.0	Somatisierungsstörung	◁---- 300.81
	△—	F45.1	Undifferenzierte Somatisierungsstörung	◁---- 300.81
300.7	◁—	F45.2	Hypochondrische Störung	◁---- 300.70
306	◁----	F45.3	Somatoforme auton. Funktionsstörung	◁---- 300.70
306.2	△....	F45.30	Herz und kardiovaskuläres System	—
306.4	◁—	F45.31	Oberer Gastrointestinaltrakt	—
	△—	F45.32	Unterer Gastrointestinaltrakt	—
306.1	◁----	F45.33	Respiratorisches System	—
306.5	◁----	F45.34	Urogenitales System	—
307.8	◁----	F45.4	Anhaltende somatoforme Schmerzstörung	◁---- 307.80

		F48	**Sonstige neurotische Störungen**	
300.5	◁—	F48.0	Neurasthenie (Erschöpfungssyndrom)	—
300.6	◁—	F48.1	Depersonalisations-, Derealisationssyndrom	◁— 300.60

Sechste Achse

ICD-9	ICD-10			DSM-III-R

F5 Verhaltensauffälligkeiten mit körperlichen Störungen und Faktoren

F50 Eßstörungen

307.1	◁— F50.0	Anorexia nervosa	◁···· 307.10
	△— F50.1	Atypische Anorexia nervosa	◁···· 307.50
307.5	◁— F50.2	Bulimia nervosa	◁···· 307.51
	△— F50.3	Atypische Bulimia nervosa	◁···· 307.50
	△···· F50.4	Eßattacken bei sonstigen psychischen Störungen	—
306.4	◁···· F50.5	Erbrechen bei sonstigen psychischen Störungen	—
	F50.8	Sonstige, darunter:	
307.5	◁····	psychogener Appetitverlust	—

F51 Nichtorganische Schlafstörungen

307.4	◁— F51.0	Nichtorganische Insomnie	◁— 307.42
	△— F51.1	Nichtorganische Hypersomnie	◁— 307.44
	△— F51.2	Nichtorganische Störungen des Schlaf-Wach-Rhythmus	◁— 307.45
	△— F51.3	Schlafwandeln (Somnambulismus)	◁···· 307.46
	△— F51.4	Pavor nocturnus	◁···· 307.46
	△— F51.5	Alpträume	◁— 307.47

F52 Nichtorganische sexuelle Funktionsstörungen

302.7	◁— F52.0	Mangel oder Verlust von sexuellem Verlangen	◁— 302.71
	△— F52.10	Sexuelle Aversion	◁— 302.79
	△— F52.11	Mangelnde sexuelle Befriedigung	—
	△— F52.2	Versagen genitaler Reaktionen	◁— 302.72
	△— F52.3	Orgasmusstörung	◁···· 302.73
			◁···· 302.74
	△— F52.4	Ejaculatio praecox	◁— 302.75
	△— F52.5	Nichtorganischer Vaginismus	◁— 306.51
	△— F52.6	Nichtorganische Dyspareunie	◁— 302.76
	— F52.7	Gesteigertes sexuelles Verlangen	—
	F52.8	Sonstige, darunter:	
306.5	◁····	psychogene Dysmenorrhoe	—

ICD-9		ICD-10		DSM-III-R

		F53	**Psychische und Verhaltensstörungen im Wochenbett, nicht andernorts klassifizierbar**	
	—	F53.0	Leichte psychische und Verhaltensstörungen	—
	—	F53.1	Schwere psychische und Verhaltensstörungen	—
316	◁—	**F54**	**Psychische Faktoren und Verhaltenseinflüsse bei andernorts klassifizierten Erkrankungen**	◁— 316.0
		F55	**Mißbrauch von Substanzen, die keine Abhängigkeit hervorrufen**	
305.8	◁—	F55.0	Antidepressiva	—
305.9	◁—	F55.1	Laxantien	—
	△—	F55.2	Analgetika	—
	△—	F55.3	Antazida	—
	△—	F55.4	Vitamine	—
	△—	F55.5	Steroide oder Hormone	—
	△—	F55.6	Näher bezeichnete Naturheilmittel	—

F6 Persönlichkeits- und Verhaltensstörungen

		F60	**Persönlichkeitsstörungen**	
301.0	◁····	F60.0	Paranoide Persönlichkeitsstörung	◁···· 301.00
301.2	◁····	F60.1	Schizoide Persönlichkeitsstörung	◁···· 301.20
301.7	◁····	F60.2	Dissoziale Persönlichkeitsstörung	◁···· 301.70
	—	F60.3	Emotional instabile Persönlichkeitsstörung	—
301.3	◁····	F60.30	Impulsiver Typ	—
	—	F60.31	Borderline Typ	◁···· 301.83
301.5	◁—	F60.4	Histrionische Persönlichkeitsstörung	◁···· 301.50
301.4	◁····	F60.5	Anankastische Persönlichkeitsstörung	◁— 301.40
301.8	◁····	F60.6	Ängstl. (vermeid.) Persönlichkeitsstör.	◁···· 301.82
301.6	◁····	F60.7	Abhängige Persönlichkeitsstörung	◁— 301.60
		F60.8	Sonstige Persönlichkeitsstörung, darunter:	
301.8	◁····		passiv-aggressive Persönlichkeitsstör.	◁···· 301.84

Sechste Achse

ICD-9		ICD-10		DSM-III-R

		F61	**Kombinierte und sonstige Persönlichkeitsstörungen**	
	—	F61.0	Kombinierte Persönlichkeitsstörungen	—
	—	F61.1	Störende Persönlichkeitsänderungen	—
		F62	**Andauernde Persönlichkeitsänderungen, nicht Folge einer Schädigung oder Krankheit des Gehirns**	
	—	F62.0	Andauernde Persönlichkeitsänderung nach Extrembelastung	—
	—	F62.1	Andauernde Persönlichkeitsänderung nach psychischer Krankheit	—
		F63	**Abnorme Gewohnheiten und Störungen der Impulskontrolle**	
	—	F63.0	Pathologisches Glücksspiel	◁— 312.31
	—	F63.1	Pathologische Brandstiftung (Pyromanie)	◁— 312.33
	—	F63.2	Pathologisches Stehlen (Kleptomanie)	◁— 312.32
307.9	◁----	F63.3	Trichotillomanie	◁— 312.39
		F64	**Störungen der Geschlechtsidentität**	
302.5	◁----	F64.0	Transsexualismus	◁---- 302.50
	—	F64.1	Transvestitismus unter Beibehaltung beider Geschlechtsrollen	◁---- 302.85
302.6	◁----	F64.2	Störung der Geschlechtsidentität des Kindesalters	◁---- 302.60
		F65	**Störungen der Sexualpräferenz**	
302.8	◁----	F65.0	Fetischismus	◁---- 301.81
302.3	◁----	F65.1	Fetischistischer Transvestitismus	◁---- 302.30
302.4	◁----	F65.2	Exhibitionismus	◁---- 302.40
	—	F65.3	Voyeurismus	◁---- 302.82
302.2	◁----	F65.4	Pädophilie	◁---- 302.20
302.8	◁----	F65.5	Sadomasochismus	◁---- 302.84
				◁---- 302.83 —
	—	F65.6	Multiple Störungen der Sexualpräferenz	

ICD-9	ICD-10		DSM-III-R

	F66	**Psychische und Verhaltensprobleme in Verbindung mit der sexuellen Entwicklung und Orientierung**	
—	F66.0	Sexuelle Reifungskrise	—
—	F66.1	Ich-dystone Sexualorientierung	—
—	F66.2	Sexuelle Beziehungsstörung	—

	F68	**Sonstige Persönlichkeits- und Verhaltensstörungen**	
—	F68.0	Entwicklung körperlicher Symptome aus psychischen Gründen	—
—	F68.1	Artifizielle Störung (absichtliches Erzeugen oder Vortäuschen von körperlichen oder psychischen Symptomen oder Behinderungen)	◁---- 301.51 ◁---- 300.16

F7   Intelligenzminderung

317.0 MAS III.0	◁— F70	Leichte Intelligenzminderung	◁— 317.00
318.0 MAS III.1	◁---- F71	Mittelgradige Intelligenzminderung	◁---- 318.00
318.1 MAS III.2	◁---- F72	Schwere Intelligenzminderung	◁---- 318.10
318.2 MAS III.4	◁---- F73	Schwerste Intelligenzminderung	◁---- 318.20

Für das in der ICD-10 auf der 4. Stelle kodierte Ausmaß der Verhaltensstörung bei Intelligenzminderung haben weder ICD-9 noch DSM-III-R eine Entsprechung.

ICD-9	ICD-10		DSM-III-R

F8 Entwicklungsstörungen

		F80	Umschriebene Entwicklungsstörungen des Sprechens und der Sprache	
315.3	◁—	F80.0	Artikulationsstörung	◁···· 315.39
MAS II.4	△—	F80.1	Expressive Sprachstörung	◁— 315.31
	△—	F80.2	Rezeptive Sprachstörung	◁— 315.31
	—	F80.3	Erworbene Aphasie mit Epilepsie (Landau-Kleffner-Syndrom)	—
		F81	**Umschriebene Entwicklungsstörungen schulischer Fertigkeiten**	
315.0	◁—	F81.0	Lese- und Rechtschreibstörung	◁···· 315.00
MAS II.1				◁···· 315.80
	—	F81.1	Isolierte Rechtschreibstörung	◁···· 315.80
315.1	◁—	F81.2	Rechenstörung	◁···· 315.10
MAS II.2				
	—	F81.3	Kombinierte Störung schulischer Fertigkeiten	—
314.4	◁—	**F82**	**Umschriebene Entwicklungsstörung der motorischen Funktionen**	◁— 315.40
MAS II.5				
MAS II.6		**F83**	**Kombinierte umschriebene Entwicklungsstörungen**	—
		F84	**Tiefgreifende Entwicklungsstörungen**	
299.0	◁—	F84.0	Frühkindlicher Autismus	◁···· 299.00
299.8	◁—	F84.1	Atypischer Autismus	◁···· 299.80
299.1	◁—	F84.2	Rett-Syndrom	◁···· 299.80
	△—	F84.3	Sonstige desintegrative Störung des Kindesalters	◁···· 299.80
	—	F84.4	Überaktive Störung mit Intelligenzminderung und Bewegungsstereotypien	—
301.2	◁····	F84.5	Asperger-Syndrom	—

ICD-9	ICD-10		DSM-III-R

F9 Verhaltens- und emotionale Störungen mit Beginn in der Kindheit und Jugend

		F90	**Hyperkinetische Störungen**	
314.0	◁····	F90.0	Einfache Aktivitäts- und Aufmerksamkeitsstörung	◁···· 314.01
314.2	◁····	F90.1	Hyperkinetische Störung des Sozialverhaltens	—

		F91	**Störungen des Sozialverhaltens**	
312.0	◁····	F91.0	Auf den familiären Rahmen beschränkte Störung des Sozialverhaltens	◁···· 312.00
	△····	F91.1	Störung des Sozialverhaltens bei fehlenden sozialen Bindungen	◁···· 312.00
312.0	◁····	F91.2	Störung des Sozialverhaltens bei vorhandenen sozialen Bindungen	◁···· 312.00
312.1	◁····			◁···· 312.20
313.8	◁····	F91.3	Störung des Sozialverhaltens mit oppositionellem, aufsässigem Verhalten	◁···· 313.81
312.0	◁····			

		F92	**Kombinierte Störungen des Sozialverhaltens und der Emotionen**	
312.3	◁····	F92.0	Störung des Sozialverhaltens mit depressiver Störung	—
	△····	F92.8	Sonstige kombinierte Störung des Sozialverhaltens und der Emotionen	—

		F93	**Emotionale Störungen des Kindesalters**	
309.2	◁····	F93.0	Emotionale Störung mit Trennungsangst des Kindesalters	◁···· 309.21
300.0	◁····			
300.2	◁····	F93.1	Phobische Störung des Kindesalters	—
313.2	◁····	F93.2	Störung mit sozialer Ängstlichkeit des Kindesalters	◁···· 313.21
313.3	◁····	F93.3	Emotionale Störung mit Geschwisterrivalität	—

Sechste Achse

ICD-9		ICD-10		DSM-III-R
	F94	**Störungen sozialer Funktionen mit Beginn in der Kindheit und Jugend**		
313.0	◁···· F94.0	Elektiver Mutismus		◁···· 313.23
313.2	◁···· F94.1	Reaktive Bindungsstörung des Kindesalters		◁···· 313.89
	— F94.2	Bindungsstörung des Kindesalters mit Enthemmung		—
	F95	**Ticstörungen**		
307.2	◁— F95.0	Vorübergehende Ticstörung		◁···· 307.21
	△— F95.1	Chronische motorische oder vokale Ticstörung		◁···· 307.22
	△— F95.2	Kombinierte vokale und multiple motorische Tics (Tourette-Syndrom)		◁···· 307.23
	F98	**Sonstige Verhaltens- und emotionale Störungen mit Beginn in der Kindheit und Jugend**		
307.6	◁···· F98.0	Enuresis		◁···· 307.60
307.7	◁···· F98.1	Enkopresis		◁···· 307.70
307.5	◁···· F98.2	Fütterstörung im frühen Kindesalter		◁···· 307.53
307.5	◁···· F98.3	Pica im Kindesalter		◁···· 307.52
307.3	◁···· F98.4	Stereotype Bewegungsstörung		◁···· 307.30
307.0	◁···· F98.5	Stottern (Stammeln)		◁···· 307.00
	— F98.6	Poltern		◁···· 307.00

Sachregister

Abhängige Persönlichkeit 87
Abhängigkeitssyndrom 34f.
Abnorme psychosoziale Umstände **147-158**
Abweichendes Verhalten, Familienmitglied 149
Abszesse 127
Adoptiveltern 153
Aerophagie 70
Affektive Episode, gemischte 55
– Psychose 56
– Veränderungen 39
Affektive Störung 15, **47-56**
– –, anhaltende 54f.
– –, bipolare s. bipolare affektive Störung
– –, nicht näher bezeichnete 56
– –, organische 28, 32
– –, residuale 37
– –, sonstige 55f.
Affektstörung 37-41
Aggressive Persönlichkeit 86
– Störung, nicht sozialisierte 104
Aggressives Verhalten 161
Agnosie, entwicklungsbedingte 120
Agoraphobie 56
Akrophobie 57
Aktivitäts- und Aufmerksamkeitsstörung, einfache 102
Alkohol 32, 144
 -demenz 36
 -halluzinose 36
 -mißbrauch 161
 -psychose 36
Alpträume 79
Altersinadäquate Erziehung 152
Alzheimer-Krankheit 130
Amnesie 61, 65
–, dissoziative 65
Amnestisches Syndrom 36
–, organisches 25
Analgetika 82, 143
Anämien 126
Anfälle, s. Epilepsie; Konversionsstörungen

Angst 47, **56-59**, 62, 87, 106ff., 161
–, episodische paroxysmale 58
–, soziale 107
–, Trennungsangst 106
– und Depression 59, 63
Angsthysterie 59
Ängstlichkeit, soziale 107
Angstneurose 58
Angstreaktion 58
Angststörung 28
–, gemischte 59
–, generalisierte 58
–, organische 28
–, sonstige 57ff.
Angstträume 79
Angstzustand 58
Anorexia nervosa **73ff.**
–, atypische 75
Anorgasmie 80
Anpassungsstörung 60-64
Antazida, Mißbrauch 83
Anthropophobie 57
Antikonvulsiva 145
Antiparkinsonmittel 145
Antisoziale Persönlichkeit 85
Aphasie 116
– mit Epilepsie, erworbene 117
Aphonie 66
Appetitverlust 77
Arbeit, Belastungsfaktoren 156f.
Artifizielle Störung 96
Artikulationsstörung 115
–, entwicklungsbedingte 115
–, funktionelle 115
Arzneimittel, Selbstvergiftung 144
Asperger-Syndrom 100f.
Asthenie, neurozirkulatorische 69f.
– asthenische Persönlichkeit 87
– Störung 28
Asthma 82
Atmungssystem 138
Aufmerksamkeit, beeinträchtigte 101
Aufmerksamkeitsstörung 100ff.
– mit Hyperaktivität 102
– ohne Hyperaktivität 114

Aufsicht, unzureichende 151
Auge und Augenanhangsgebilde 137
Autismus, atypischer 99
–, frühkindlicher **97ff.**
–, kindlicher 99
-, autistische Störung 99
Automutilation 143ff., 161
Bandenmitgliedschaft 104
Behinderung, Kind 157f.
–, Familienmitglied 149
Belastungsfaktoren 147-158, s.a. psychosoziale Umstände, abnorme
Belastungsfaktoren, akute 61
–, chronische, zwischenmenschliche 156f.
–, gesellschaftliche 156
–, psychosoziale 60
–, unmittelbare Umgebung 152ff.
Belastungsreaktion 60-64
–, akute 61
Belastungsstörung, posttraumatische **61f.**, 89
Belastungsstörungen 56ff.
Beschäftigungsneurose 73
Besessenheitszustände 34, 66
Bewegungsstörung 120, 129
–, dissoziative 66
–, stereotype 113; s.a. Stereotypie
Beziehungsstörung 97
–, sexuelle 96
Beziehungswahn, sensitiver 43
Bindegewebe 139
Bindungsstörung mit Enthemmung 109
–, reaktive 109
Bipolare affektive Störung 48ff.
– –, depressive Episode 49
– –, gemischte Episode 50
– –, hypomanische Episode 49
– –, manische Episode 49
– –, remittiert 50
– –, sonstige 50
Bipolare Störung II 50
Bipolare Störung, einzelne manische Episode 47
Blut und blutbildende Organe 126
Borderline-Persönlichkeitsstörung 86
Borderline-Schizophrenie 42
Bouffée délirante 44
Brandstiftung, pathologische 91
Briquet-Syndrom 73

Bulimia nervosa 75f.
–, atypische 76
Cannabinoide 32
Charakterneurose 88
 -störung 97
Chorea 129
– Huntington 24
Chromosomenanomalien 141
Colitis ulcerosa 82
Colon irritable 70
Creutzfeldt-Jakob-Krankheit 24
Cutis und Subcutis 138
Da-Costa-Syndrom 69f.
Dämmerzustand, psychogener 67
Daumenlutschen 114
Debilität 122
Delinquenz 104, 161
Delir **26**, 29, 35, 43
Delirium tremens 35
Dementia infantilis 100
Demenz **21-25**, 29, 37
–, arteriosklerotische 22
–, atypische 22
– bei Alzheimer-Krankheit 21f.
– bei sonstigen Krankheiten 23ff.
–, gemischte vaskuläre 23
–, kortikale 23
–, präsenile 22, 25
–, primär degenerative 22, 25
–; senile 22, 25
–, subkortikale vaskuläre 23
–, vaskuläre 22f.
Demütigung 156
Demyelinisation 130
Denkstörungen 37-41
Depersonalisation 105
Depersonalisations-/Derealisationssyndrom 72
Depression 47, 62; s.a. affektive Störung
–, anhaltende ängstliche 55
–, atypische 52
–, endogene 54
–, larvierte 52
–, leichte oder nicht anhaltende ängstliche 59
–, monopolare 54
–, neurotische 55
–, nicht näher bezeichnete 52
–, postnatale 81
–, postpartale 81

–, postschizophrene 40
–, psychogene 51, 53
–, psychotische 52, 54
–, reaktive 51, 53
–, vitale, rezidivierende 54
Depressive Episode 40, **50ff.**
–, leichte 51
–, mit psychotischen Symptomen 52
–, mittelgradige 51
–, nicht näher bezeichnete 52
–, rezidivierende kurze 56
–, schwere 52
Depressive Psychose, psychogene 52, 54
–, reaktive 52, 54
Depressive Reaktion 51, 53
–, kurze 63
–, längere 63
Depressive Störung, episodische 51
– mit Störung des Sozialverhaltens 105
–, nicht näher bezeichnete 52
–, rezidivierende 52ff.
–, saisonale 53
Derealisation 72, 105
Dermatitis 82
Desintegrative Psychose 100
– Störung des Kindesalters 100
Desorientierung 25
Dhat-Syndrom 73
Diarrhoe 70
Dipsomanie 34
Disharmonie, familiäre 147
Diskriminierung, soziale 156
Dissoziative Störung **64-67**
–, gemischte 67
–, organische 28
–, vorübergehende 67
Distanzminderung 161
Down-Syndrom 141
Drogen 143-146
    -mißbrauch **32-37**, 161
    -sucht 34
Dyskalkulie 119
Dyslalie 115
Dyslexie 118
Dysmenorrhoe 81
Dysmorphophobie, nicht wahnhafte 69
–, wahnhafte 43
Dyspareunie 80
Dyspepsie 70
Dysphagie 71

Dysphasie 116
Dysphonie 66
Dyspraxie 120
Dysthymia 55
Dystonie 128
Dysurie 70
Edwards-Syndrom 141
Eifersuchtswahn, alkoholischer 36
Einkommen, mangelndes 154
Ejaculatio praecox 80
Ekzem 138
Elternsituation, abweichende 153
Emotional labile Störung, organische 28
Emotionale Störung 63
– des Kindesalters **105-108**
– mit Geschwisterrivalität 107
– mit Störung des Sozialverhaltens 105
Empfindungsstörung, dissoziative 67
Endokrine Krankeiten 126
Enkopresis 112, 161
Entfremdung 72
Entwicklungsakalkulie 119
  -aphasie 116
  -dyslexie 118
  -dysphasie 116
  -dyspraxie 120
Entwicklungsstörung 12, 15, 120
–, phonologische 115
–, psychosexuelle 96
–, Rechnen 119
–, sonstige 120
–, tiefgreifende 9, 16, **97-101**
Entwicklungsstörung, umschriebene
    (Zweite Achse) 9, 16, **115-20**
–, Sprechen und Sprache 115ff.
–, kombinierte 120
–, motorische Funktionen 120
–, schulische Fertigkeiten 16, 117ff.
Entzugssyndrom 35
Enuresis 111, 161
–, funktionelle 111
–, psychogene 112
Enzephalitis 127
Enzephalomyelitis 127
Enzephalopathie 31
–, toxische 136
Epilepsie 24, 27, 117, **130ff.**
–, limbische 30
Epileptische Anfälle 66
– Psychose 29

Erbrechen 76
Erektionsstörung 80
Erlebnisse, beängstigende 155
Ernährungskrankheiten 126
Erschöpfungssyndrom 72
Erziehung, anregungsarme 151f.
–, inkonsequente 151
–, institutionelle 153, 157
–, unangemessene 152
Erziehungsbedingungen, abnorme **150ff**.
Eßattacken 76
Eßstörungen **73-77**, 161
Exhibitionismus 94
Extrapyramidale Krankheiten 129
Extrembelastung 89
Factitious disorder 96
Familie, abnorme Beziehungen 147f.
–, Belastungsfaktoren 147-155
–, Disharmonie 147
–, isolierte 153
–, Kommunikationsstörung 150
–, Mangel an Wärme 147
–, neues Mitglied 155
–, persistierende Spannung 148
–, unzureichende Kommunikation 151
Fetischismus 93
Flashback 37, 62
Flatulenz 70
Flexibilitas cerea 39
Folgen äußerer Ursachen 142-145
Folie à deux 45
Freizeitaktivitäten 159
Fremdunterbringung 154, 157
Frigidität 79
Frontalhirnsyndrom 30
Frotteurismus 95
Fugue 65
Fütterstörung 112
Ganser-Syndrom 67
Gastrointestinaltrakt, oberer 70
–, unterer 70
Geburt 140
–, Störungen im Wochenbett 81
Geburtstrauma 140
Gehirnsyndrom, posttraumatisches (organisches) 31
Geistige Behinderung s. Intelligenzminderung
Genitale Reaktionen, Versagen 80
Genitalorgane 139

Gerstmann-Syndrom, entwicklungsbedingtes 119
Geschlechtsidentitätsstörung 92f.
Geschlechtsinadäquate Forderungen 152
Geschwisterrivalität 107
Gewalt gegenüber dem Kind 148
Gewichtsverlust 74
Gewohnheiten, abnorme **90ff**., 113
Glücksspiel, pathologisches 90
Granulome 127
Grenzdebilität 121
Grenzschizophrenie 42
Gruppendelinquenz 104
Haareausreißen s. Trichotillomanie
Halluzinationen 27, 38-41
Halluzinatorisches Zustandsbild, organisches 27
Halluzinogene, Störung durch 33
Halluzinose, organische 27
Hautkrankheiten 138
Hebephrenie 39
Heimsyndrom 110
Heller-Syndrom 100
Hemiplegie 135
Hepatolentikuläre Degeneration 25
Herzneurose 69f.
Hirnfunktionsstörung **21-32**
–, mit anderen psychischen Störungen 26-29
–, mit Persönlichkeits- und Verhaltensstörungen 29-32
Hirnorganisches Syndrom 29
–, bei Alkoholismus 36
HIV-Erkrankung, Demenz 24
Hormone, Mißbrauch 83
Horrortrip 34
Hörschwäche, angeborene 116
Hospital-hopper-Syndrom 96
Hospitalismus 64
Huntington-Krankheit 24, 128
Husten, psychogener 70
Hydrozephalus 136, 141
Hyperaktivität 100ff.
Hyperkalzämie 25
Hyperkinetische Reaktion 103
Hyperkinetische Störung 101ff.
–, des Sozialverhaltens 102
Hyperorexia nervosa 76
Hypersomnie 78

Hyperventilation 70
Hypnotika **32**, 145
Hypochondrie 69, 105
Hypochondrische Neurose 69
–, Störung 68
Hypomanie 48
Hypothyreoidismus 25
Hysterie 64f.
Hysterische Persönlichkeit 86
ICD-10, deskriptives Vorgehen 12
– und ICD-9, Vergleich 12ff., 162ff.
– und ICD-9, Feldstudien 13
Identitätsstörung 108
Idiotie 123
Imbezillität 122
Immunreaktion, Störungen 126
Impotenz 80
Impulskontrolle, Störung **90ff.**
Induzierte Störung 45
Infantile Persönlichkeit 86
Infantilisierung 150
Infektionen 136
Infektiöse Krankheiten 124
Insomnie 77
Intelligenz 9
–, durchschnittliche 121
–, hohe 121
–, niedrige 121
–, sehr hohe 121
Intelligenzminderung 15, 113, **121ff.**
–, leichte 122
– mit autistischen Zügen 99
–, mittelgradige 122
–, schwere 100, 122
–, schwerste 123
Intelligenzniveau (Dritte Achse) 12, 16, **121ff.**
–, nicht bekannt 123
Interventionsbedürftigkeit 161
Intoxikation 25, 143f.
–, akute 33
Involutionsalter, paranoides Zustandsbild 43
Kanner-Syndrom 99
Kardiovaskuläres System 70
Katalepsie 39
Katatone Störung, organische 27
Katatonie 39
Kindesmißhandlung, körperliche 148
Klaustrophobie 57

Kleptomanie s. Stehlen
Klinefelter-Syndrom 141
Klinisch-psychiatrisches Syndrom (Erste Achse) 12, 15, **21-114**
Koffein 33
Kognitive Störung, leichte 29
Kohlenmonoxydvergiftung 24
Kokain 33
Kommunikationsstörung, intrafamiliäre 150
Konversionshysterie 65
-reaktion 65
-störungen 64-67
Koordinationsstörung, entwicklungsbedingte 120
Kopfschmerz 71, 132
Körperliche Begleitsymptome 161
– Funktionsstörung, psychogene 83
– Krankheit, psychische Faktoren 82
– Störungen und Faktoren **73-83**
– Symptome, psychogene 96
Körperliche Symptomatik (Vierte Achse) 12, 16, **124-46**
–, keine 124
Körperschema-Störung 74
Korsakow-Syndrom 25, 36
Krampfanfälle, dissoziative 66
Kreislaufsystem 137
Kriegsneurose 61
Krisenreaktion, akute 61
Krisenzustand 61
Kulturschock 64
Labilität 28
Lähmungssyndrome 134ff.
Lallen 115
Landau-Kleffner-Syndrom 117
Laxantien 82f.
Lebensereignisse, belastende 60-64, **147-158**
–, akute 154f.
–, Verhaltensstörung des Kindes 157f.
Lebenspraktische Fähigkeiten 159
Leistungsschwäche, schulische 161
Lernstörung, nicht näher bezeichnet 119
Lese- und Rechtschreibstörung 118
Leseverzögerung, umschriebene 118
Leukotomie-Syndrom 30
Life events s. Lebensereignisse
Lispeln 117
Lobotomiesyndrom 30

Lösungsmittel 33
Magenneurose 69f.
Magenulkus 82
Major depression 52, 54
–, rezidivierende 54
Manisch-depressive Erkrankung 49
– Psychose 49, 54
– Reaktion 49
Manische Episode 47f.
–, rezidivierende 50
MAS, Achsen 12
–, ätiologische Zusammenhänge 15
–, Benutzung des Glossars 14-17
–, Kodierung bei Nicht-Vorhandensein von Kategorien 12
–, Unterschiede zur ICD-10 11, 162ff.
Masochismus 94
Masturbation, exzessive 114
Medikamentenmißbrauch 161
Mehrfach-Klassifikationen 11
Meningitis 127
Migräne 132
Migration 156
Mikrozephalie 141
Mißbildung, angeborene 141
Mißbrauch psychotroper Substanzen 34
–, nicht abhängigkeitserzeugender Substanzen 82f.
–, sexueller 148,155
Morbidität, äußere Ursachen 143
Mortalität, äußere Ursachen 143
motorisierte Entwicklungsstörungen 120
Multiaxiale Klassifikation, Prinzipien 11f.
Multiaxiales Klassifikationsschema s. MAS
Multiinfarktdemenz 23
Multiple Sklerose 25, 130
Münchhausen-Syndrom 96
Muskel-Skelett-System 139
Muskelatrophie 128
Mutismus, elektiver 108
–, selektiver 108
Myelitis 127
Myoklonus 129
Nachhallzustände (flashbacks) 37, 62
Nägelkauen 114
Narzißtische Persönlichkeit 88
Nasebohren 114
Naturheilmittel, Mißbrauch 83

Nekrophilie 95
Nerven, Nervenwurzeln und Plexus 134
Nervensystem, autonomes 136
–, degenerative Krankheiten 130
–, entzündliche Krankheiten 128
–, Krankheiten 16, 127-36
–, peripheres 134
–, Systematrophien 128
Neubildungen 125
Neurasthenie 72
Neurose (neurotische Störung) **56-73**, 105
–, anankastische 59
–, depressive 55
–, psychasthenische 73
–, sonstige 71ff.
–, soziale 57
–, traumatische 62
Neurosyphilis 25
Niacin-Mangel 25
Nosophobie 69
Nymphomanie 81
Obstipation 112
Ohr und Warzenfortsatz 137
Oligophrenie, leichte 122
–, schwere 122
Oneirophrenie 44
Operationen 136
Opioide 32
Organische psychische Störungen 21-32
– Ursache 15
Organisches Psychosyndrom 29, 31f.
Orgasmusstörung 80
Ortswechsel 156
Pädophilie 94
Panikattacke 58
Panikstörung 28, 58
Panikzustand 58
Paralyse, progressive 24
Paralysis agitans 24
Paranoia 43
–, alkoholische 36
–, querulans 43
Paranoide Persönlichkeit 85
– Reaktion 45
– Störung, induzierte 45
Paranoides organisches Zustandsbild 27
Paraphilie 93
Paraphrenie 43
Paraplegie 128, 135

Parasitäre Krankheiten 124
Parkinson-Krankheit 24, 128
Parkinsonismus 24, 128
Patau-Syndrom 141
Pavor nocturnus 78
Periarteriitis nodosa 25
Perinatalperiode 140
Persönlichkeit, depressive 55
–, haltlose 88
–, multiple 67
–, pathologische 88
–, pseudopsychopathische 30
–, pseudoretardierte 30
–, psychoneurotische 88
–, unreife 88
–, zykloide 55
–, zyklothyme 55
Persönlichkeits- und Verhaltensstörungen **83-97**
–, nicht näher bezeichnete 97
–, sonstige 96f.
Persönlichkeitsänderung 62
– bei chronischem Schmerzsyndrom 90
– nach Extrembelastung 89
– nach psychischer Erkrankung 89f.
–, nicht neurologisch 88ff.
Persönlichkeitsinadäquate Forderungen 152
Persönlichkeitsstörung, abhängige 87
–, affektive 55
–, aggressive 86
–, amoralische 85
–, anankastische 87
–, ängstliche 87
–, antisoziale 85
–, asoziale 86
–, asthenische 87
–, dissoziale 85
–, emotional instabile 86
–, expansiv paranoide 85
–, explosive 86
–, exzentrische 88
–, fanatische 85
–, histrionische 86
–, hysterische 86
–, inadäquate 87
–, infantile 86
–, kombinierte und sonstige 83, 88
–, narzißtische 88
–, neurologische 29-32

–, nicht näher bezeichnete 88
–, organische **29ff.**
–, paranoide 84f.
–, passiv-aggressive 88
–, passive 87
–, psychopathische 86
–, querulatorische 85
–, residuale 37
–, schizoide 85
–, schizotype 42
–, selbstschädigende 87
–, sensitive 85
–, sonstige spezifische 88
–, soziopathische 86
–, spezifische **83-88**
–, zwanghafte 87
Pflanzliche Mittel, Mißbrauch 83
Pflegefamilie 153
Phakomatosen 141
Phlebitis 127
Phobie 105
–, einfache 57
–, isolierte 57
–, soziale 57
Phobische Störung **56f.**
– im Kindesalter 107
Pica, Erwachsene 77
–, Kindesalter 113
Pick-Krankheit 23
Pollakisurie 70
Poltern 114
Polyneuropathien 134
Postenzephalitisches Syndrom 29, 31
Postkontusionelles Syndrom 31
Pruritus 71
Psychalgie 71
Psychasthenia 73
Psychische Faktoren bei andernorts klassifizierten Krankheiten 82
Psychische Störung **21-114**, 126
–, Familienmitglied 149
–, keine 21
–, nicht näher bezeichnete 114
–, symptomatische 21-32
Psychomotorische Störung s.a. Bewegungsstörung 39
Psychoorganisches Syndrom 26
Psychopathie, autistische 101
–, gefühlsarme 110
Psychopathische Persönlichkeit 86

183

Psychose 25ff., 32ff., 37ff., 47ff.
-, akute, polymorphe 44
-, schizophreniforme 44
-, vorübergehende 43ff.
Psychose, affektive s. affektive Störung
-, bei Infektionskrankheit 26
-, chronische halluzinatorische 47
-, depressive 52, 54
-, desintegrative 100
-, epileptische 29
-, frühkindliche 99
-, frühkindliche, atypische 99
-, hysterische 65
-, induzierte 45
-, manisch-depressive 49, 54
-, nicht näher bezeichnete 47
-, nichtorganische, sonstige 47
-, organische 32
-, paranoide 43, 45
-, präsenile 25
-, reaktive 45
-, Restzustand 40f.
-, schizoaffektive 46
-, schizophrene s.a. Schizophrenie
-, schizophrene und affektive gemischte 46
-, schizophreniforme 45f.
-, schizophreniforme bei Epilepsie 27
-, senile 25
-, substanzinduzierte 35
-, symbiotische 100
-, symptomatische 32
-, verzögert auftretende 37
-, zykloide 44
Psychosomatische Störung **67-71**
-, multiple 68
-, nicht näher bezeichnete 71
-, undifferenzierte 68
Psychosoziale Anpassung, Globalbeurteilung (Sechste Achse) 9, 12, 17, **159f.**
Psychosoziale Gefährdung 154
Psychosoziale Umstände, abnorme (Fünfte Achse) 12, 14, 17, **147-158**
-, nicht abnorme 147
Psychosyndrom, organisches 32
Psychotische Störung s. Psychose
Psychotrope Substanzen 143, 145
-, Mißbrauch 34
-, nicht abhängigkeitserzeugende 82

-, psychische Störungen **32-37**
Puerperalpsychose 81
Pylorospasmen 70
Pyromanie s. Brandstiftung
Rausch, akuter 34
Reaktion auf schwere Belastung **60-64**
Reaktionstyp, organischer 26
Rechenstörung 119
Rechtschreibfähigkeit, Verzögerung 118
Rechtschreibstörung, isolierte 118
Reifungskrise, sexuelle 95
Reizbarkeit 92
Rentenneurose 96
Residualzustand, schizophrener 41
Residuum, schizophrenes 40f.
Respiratorisches System 70
Rett-Syndrom 99
Rhythmus, circadianer 78
-, nykthemeraler 78
Rücken 139
Rückenmark 136
Rückenschmerz, psychogener 71
Ruminationsstörung 112
Sadismus 94
Sadomasochismus 94
Satyriasis 81
Schädelhirntrauma 31
Schädlicher Gebrauch 34
Schizoaffektive Störung 46
-, depressiv 46
-, gemischt 46
-, manisch 46
-, sonstige 46
Schizoide Persönlichkeit 85
– Störung des Kindesalters 101
Schizophrene Reaktion 44
-, latente 42
Schizophrenia simplex 41
Schizophrenie 15, **37-41**, 44
-, akute (undifferenzierte) 44
-, chronische undifferenzierte 41
-, coenästhetische 41
-, desintegrative 39
-, hebephrene 39
-, katatone 39
-, latente 42
-, nicht näher bezeichnete 41
-, paranoide 38
-, paraphrene 38
-, präpsychotische 42

–, prodromale 42
–, pseudoneurotische 42
–, pseudopsychopathische 42
–, schizotype und wahnhafte Störungen **37-47**
–, sonstige 41
–, undifferenzierte 40
–, zyklische 46
Schizophreniforme Attacke 45
– Störung 45
Schizotype Störung 41f.
Schlaf-Wach-Rhythmus, Störung 78
Schlafraum, mangelnder 154
Schlafstörungen 161
–, nichtorganisch 77ff.
–, organisch 133
Schlafwandeln 78
Schock, psychischer 61
Schreibstörung, expressive 119
Schulangst 161
Schule, Belastungsfaktoren 156f.
Schulische Fertigkeiten, Störungen 117ff.
Schulprobleme 161
Schulschwänzen 104, 161
Schwachsinn 122
Schwangerschaft 140
Schweregrad einer Erkrankung 9
Sedativa 32, 145
Selbstachtung, Herabsetzung 155, 158
Selbständigkeit 159
Selbstbeschädigung, vorsätzliche **142-145**
Selbstvergiftung 143f.
Sensibilitätsstörung, dissoziative 67
Sexualorientierung, ich-dystone 95
Sexualpräferenz, Störungen **93ff.**
Sexualverhalten, Störungen 161
Sexuelle Anhedonie 80
– Aversion 79
– Befriedigung, mangelnde 79
– Deviation, nicht näher bezeichnete 95
– Entwicklung und Orientierung, Störung **95f.**
– Erregungsstörung 80
– Funktionsstörung, nichtorganische **79ff.**
Sexueller Mißbrauch 148, 155
Sexuelles Verlangen, gesteigertes 81

–, reduziertes 79
Simulation 65
Singultus 70
Sodomie 95
Somatisierungsstörung 68
Somatoforme autonome Funktionsstörung 69
– Schmerzstörung 71
– Störungen 56ff., **67-71**
Somnambulismus 78
Soziale Beziehungen 159
– Funktionen, Störungen mit Beginn in der Kindheit und Jugend **108ff.**
– Situationen, Bewältigung 159
Sozialkontakte, mangelnde 153
Sozialverhalten, Störung 63, 102ff.
–, auf familiären Rahmen beschränkt 103
–, depressive Störung 105
–, fehlende soziale Bindungen 104
–, Gruppenform 104
–, Störung der Emotionen 105
–, oppositionelles Verhalten 104
–, sonstige 104
–, vereinzelt-aggressive Form 104
–, vorhandene soziale Bindungen 104
Spielen, zwanghaftes 91
Spina bifida 141
Sprachstörung, expressive 116
–, nicht näher bezeichnete 117
–, rezeptive 116
Sprech- und Sprachstörungen 115ff.
Stammeln 114
Status epilepticus 132
Stehlen, gemeinsames 104
–, pathologisches 91
Stereotypie 98, 100, 113, 161
Steroide, Mißbrauch 83
Stiefeltern 153
Stigmatisierung 156
– des Kindes 149
Stimmung, gehobene 47
Stimmungswechsel 47
Stimulantien 33
Stoffwechselkrankheiten 126
Stottern 114
Streit mit Schülern/Mitarbeitern 156f.
Stupor, dissoziativer 65
–, katatoner 39
–, manischer 48

Substanzen, biologisch aktive 145
Sucht 34
Suizid 142ff.
 -gedanken 62
Suizidale Handlungen 161
Sündenbockrolle 156
Symptomatische psychische Störung, nicht näher bezeichnete 32
Symptome, nicht andernorts klassifiziert **142**
Symptomkatalog, diagnoseergänzender **160f.**
Syndrom des ungeschickten Kindes 120
Synkope, psychogene 73
Systemischer Lupus erythematodes 25
Tabak 33
Taubheit, psychogene 67
Tetraplegie 135
Therapieorientierung 161
Tics 129, 161
Ticstörung 110f.
 –, chronische motorische 110
 –, sonstige 111
 –, vokale 110
 –, vorübergehende 110
Tierphobie 57
Torticollis 71
 –, hysterischer 71
Tourette-Syndrom 111
Trance 34, 66
Tranquilizer 145
Transsexualismus 92
Transvestitismus 92
 –, fetischistischer 94
Trauerreaktion 64
Trauma 60-64
Tremor 129
Trennungsangst 106
Trennungsprobleme 161
Trichotillomanie 91
Trypanosomenerkrankung 25
Tumore 125, 136
Turner-Syndrom 141
Überaktivität 102
 – mit Intelligenzminderung und Bewegungsstereotypien 100
Überängstlichkeit 108
Überfürsorge 150
Unabhängigkeit, Verhinderung 150
Ungeschicklichkeit, motorische 120

Unselbständigkeit 161
Urininkontinenz 112
Urogenitalsystem 70, 139
Urtikaria 82
Vaginismus 80
Verdauungssystem 138
Verfolgung 156
Vergiftung 25, 143f.
 –, akute 33
Verhaltens- und emotionale Störungen mit Beginn in Kindheit und Jugend **101-114**
 –, nicht näher bezeichnete 114
 –, sonstige 111-14
Verhaltensauffälligkeiten mit körperlichen Störungen und Faktoren **73-83**
 –, nicht näher bezeichnete 83
Verhaltensstörung bei Intelligenzminderung 122
 – des Kindes 157f.
 – in der Kindheit, nicht näher bezeichnete 104
 –, neurologische 29-32
Verletzungen **142ff.**
Verlust einer liebevollen Beziehung 154
Verpflanzung, soziale 156
Verwirrtheit, psychogene 67
Verwirrtheitszustand 26
Virusinfektionen 124
Vitamin-B12-Mangel 25
Vitamine, Mißbrauch 83
Voyeurismus 94
Vulnerabilität 60
Wachstumsstörung 109
Wahn 37-41
Wahnhafte Störung 42
 –, akute 45
 –, anhaltende 42f.
 –, induzierte 45
 –, organische 27
Wahrnehmungsstörung 37-41
 –, posthalluzinogene 37
Wernicke-Aphasie, entwicklungsbedingte 116
Wirbelsäule 139
Wochenbett 140
 –, psychische oder Verhaltensstörungen 81f.
Wohnraum, mangelnder 154
Worttaubheit 116

Zähneknirschen 71
Zerebrale Erkrankung 21
– ischämische Anfälle 133
– Lähmung 134ff.
– Lipidose 24
Zerebrales Syndrom 26
Zerebralparese, infantile 134
Zerebrovaskuläre Krankheiten 133
Zwänge 161
Zwangsgedanken 105
– und -handlungen, gemischt 60
Zwangshandlung 105
Zwangsneurose 59
Zwangspersönlichkeit 87
Zwangsstörung 59f.
–, vorwiegend Zwangsgedanken oder
   Grübelzwang 60
–, vorwiegend Zwangshandlungen 60
Zyklothymia 54f.

Harald J. Freyberger / Horst Dilling (Herausgeber)
unter Mitarbeit von S. Kleinschmidt und U. Siebel

Fallbuch Psychiatrie

Kasuistiken zum Kapitel V (F) der ICD-10

1993, 365 Seiten, 65 Tabellen, kartoniert Fr. 57.— / DM 59.— / öS 460.—
(ISBN 3-456-82355-X)

Die Einführung des Kapitels V (F) der ICD-10, die in den nächsten Jahren die bisher gebräuchliche ICD-9 ablösen wird, ist mit einer Reihe von gravierenden Veränderungen der psychiatrischen Diagnostik verbunden. In diesem Band haben Experten aus der Psychiatrie, Kinder- und Jugendpsychiatrie und psychosomatischen Medizin interessante wie spannende Kasuistiken zusammengestellt, anhand derer die neuen diagnostischen Prinzipien, Konzepte und Modelle illustriert werden.
Zu den wichtigsten neuen diagnostischen Kategorien finden sich umfassende Falldarstellungen, im Anschluß werden die Diagnosen und Differentialdiagnosen gemäß ICD-9, ICD-10 und DSM-III-R erläutert  und vor dem Hintergrund therapeutischer und prognostischer Aspekte diskutiert. Dabei werden auch Aspekte der forensischen Psychiatrie, Gerontopsychiatrie und psychodynamisch orientierten Psychotherapie erörtert. Anschließend werden einige klassische Fälle von Alzheimer, Kraepelin und Freud anhand der diagnostischen Konzepte der ICD-10 analysiert.

 Verlag Hans Huber
Bern Göttingen Toronto Seattle

Volker Dittmann / Horst Dilling / Harald J. Freyberger (Herausgeber)

Psychiatrische Diagnostik nach ICD-10

Als ideale Ergänzung zu ICD-10

Klinische Erfahrungen bei der Anwendung

Mit einem Geleitwort von Hanns Hippius.
1992, 217 Seiten, 94 Tabellen, kartoniert Fr. 45.— / DM 49.80 / öS 389.—
(ISBN 3-456-82099-2)

Mit Hilfe einer Merkmalsliste wurden nahezu 900 Patienten in acht psychiatrischen Zentren untersucht. Die klinischen Erfahrungen bei der Anwendung der psychiatrischen Diagnostik nach ICD-10 werden anhand der Präsentation der Ergebnisse dieser Untersuchung dargestellt. In ausführlichen Beiträgen werden Inhalt und Struktur des neuen Diagnosenschlüssels beschrieben und erläutert.

Winfried Rief / Wolfgang Hiller

Somatoforme Störungen

Körperliche Symptome ohne organische Ursachen

Mit einem Vorwort von Prof. Dr. med. Manfred Fichter. 1992, 186 Seiten, 34 Abbildungen, 5 Tabellen, Pappband Fr. 49.80 / DM 49.80 / öS 389.—
(ISBN 3-456-82273-1)

Das Buch faßt den aktuellen Stand der Forschung und des Wissens über somatoforme Störungen zusammen. Nach den modernen Klassifikationssystemen ICD-10 und DSM-III-R sind somatoforme Störungen einheitlich durch das Vorliegen körperlicher Symptome ohne (ausreichende) organische Ursachen definiert. Es werden Verbindungen zum traditionellen Konzept der Hysterie aufgezeigt und wichtige diagnostische Fragen aufgegriffen. Es folgen Ausführungen über die Gestaltung der ärztlichen und psychiatrischen Kurzkonsultation, über verhaltensmedizinische Ansätze und über die Ergebnisse zur Therapie mit Psychopharmaka.

Verlag Hans Huber
Bern Göttingen Toronto Seattle

Weltgesundheitsorganisation

Internationale Klassifikation psychischer Störungen

ICD-10 Kapitel V (F) Klinisch-diagnostische Leitlinien

Herausgegeben von H. Dilling, W. Mombour und M. H. Schmidt. 2., korrigierte und bearbeitete Auflage. 1993, 369 Seiten, kartoniert Fr. 39.80 / DM 39.80 / öS 311.— (ISBN 3-456-82424-6)

Von der Weltgesundheitsorganisation (WHO) wird ein Klassifikationssystem für alle Krankheitsbereiche herausgegeben, die ICD – International Classification of Diseases. Die 10. Revision wird offiziell in den Mitgliedsländern der WHO eingeführt.
Die psychischen Störungen, einschließlich der Störungen in der psychischen Entwicklung und Verhaltensstörungen, sind im Kapitel V der ICD-10 dargestellt. Diesem Kapitel kommt in der ICD aufgrund der besonderen Anforderung bei der Klassifikation psychischer Störungen eine Sonderstellung zu. Die WHO gibt daher zum Kapitel V eine eigenständige Publikation heraus, die hiermit in ihrer offiziellen deutschen Übersetzung und Bearbeitung vorliegt. Der Band enthält die für die praktische Arbeit notwendigen diagnostischen Kriterien und ausführlichen Beschreibungen der Krankheitsbilder.
In der psychiatrischen Praxis und Forschung haben sich in den vergangenen 15 Jahren einschneidende Veränderungen in der Diagnostik und Klassifikation psychischer Störungen ergeben. Mit der vorliegenden Publikation trägt die WHO den Veränderungen der letzten Jahre Rechnung und legt ein, gegenüber der ICD-9, völlig neugefaßtes und überarbeitetes System vor. Wichtige Veränderungen sind u.a. ein hinsichtlich der Krankheitsursachen weitgehend atheoretischer diagnostischer Ansatz zu Gunsten einer phänomenologischen, kriterienorientierten Klassifikation und ein Ordnungsprinzip nach Verlauf und Schweregrad. Dadurch konnte nicht nur die Zuverlässigkeit (Reliabilität) sondern auch die Gültigkeit (Validität) diagnostischer und prognostischer Einschätzungen verbessert werden. Generell wurde angestrebt, die Störungen nach phänomenologischen Gesichtspunkten zusammenzustellen.

Dieses Werk, mit dem die WHO weltweit verbindliche neue Normen setzt, ist für jeden Psychiater und klinischen Psychologen Pflichtliteratur.

Verlag Hans Huber
Bern Göttingen Toronto Seattle

Carsten P. Malchow, Rolf-Dieter Kanitz, Horst Dilling

ICD-10 Computer-Tutorial: Psychische Störungen

Software und Handbuch. 1994, 93 Seiten, mit Diskette
Fr. 147.– / DM 148.– / öS 1155.–
(ISBN 3-456-82433-5)

Das Tutorial ist eine didaktisch ausgefeilte Arbeits- und Kodierhilfe für Ärzte, Psychologen und andere im Gesundheitswesen Tätige zur neuen psychiatrischen Diagnosenklassifikation der WHO. Der Text der 2. Auflage der «Klinisch-diagnostischen Leitlinien zum Kapitel V (F) der ICD-10» wird in einem Hypertext-Computerprogramm unter MS-Windows 3.x zur Verfügung gestellt. Mehr als 1000 Stichworte mit über 3000 Einträgen, vielfältige Querverweise im Hypertext und die anderen Funktionen des Win-Help-Hilfesystems erlauben es, gezielt auf spezifische Informationen zuzugreifen.

Horst Dilling, Elisabeth Schulte-Markwort, Harald J. Freyberger (Herausgeber)

Von der ICD-9 zur ICD-10

Neue Ansätze der Diagnostik psychischer Störungen
1994, XIV+285 Seiten, Abbildungen, Tabellen, kartoniert
Fr. 49.80 / DM 49.80 / öS 389.–
(ISBN 3-456-82514-5)

In dem vorliegenden Band werden die mit der Einführung der ICD-10 verbundenen klassifikatorischen Veränderungen ausführlich diskutiert. Dabei wird auf die Entwicklungsgeschichte operationaler Diagnosesysteme und die Verbindung zwischen ICD-9, ICD-10, DSM-III, DSM-III-R und DSM-IV eingegangen. Das Komorbiditätsprinzip wird in seinen Konsequenzen für die psychiatrische Diagnostik besprochen. Zentraler Bestandteil des Bandes ist die Gegenüberstellung psychiatrischer, kinder- und jugendpsychiatrischer sowie psychosomatischer Autoren, die ihre speziellen diagnostischen Konzepte diskutieren.

Verlag Hans Huber
Bern Göttingen Toronto Seattle